Ni agresivos ni sumisos

OLGA CASTANYER MAYER-SPIESS

Ni agresivos
ni sumisos

Educar en la asertividad y el respeto

Grijalbo

Papel certificado por el Forest Stewardship Council®

MIXTO
Papel procedente de
fuentes responsables
FSC
www.fsc.org   FSC® C117695

Penguin
Random House
Grupo Editorial

Primera edición: octubre de 2022

© 2022, Olga Castanyer Mayer-Spiess
© 2022, Penguin Random House Grupo Editorial, S. A. U.
Travessera de Gràcia, 47-49. 08021 Barcelona
© 2022, Andrea Merino Castanyer, por las ilustraciones

Printed in Spain — Impreso en España

ISBN: 978-84-253-6245-3
Depósito legal: B-13.718-2022

Compuesto en Pleca Digital, S. L. U.

Impreso en Black Print CPI Ibérica
Sant Andreu de la Barca
(Barcelona)

GR 6 2 4 5 3

Índice

Introducción

Vamos a imaginarnos que metemos en una coctelera un poco de conocimientos psicológicos sobre la evolución de los niños, otro poco de empatía hacia ellos, unido al recuerdo que tengamos sobre nosotros mismos cuando éramos pequeños, más una pizca de experiencia con niños y, por último, una buena dosis de observarlos sin prejuicios. A mí me sale la siguiente carta ficticia, escrita como si los niños pudieran poner palabras adultas a sus sentimientos y sensaciones. Es evidente que ningún niño escribiría una carta así —«¡Uf, qué aburrimiento de carta!»—, pero sí puedo asegurar que lo que viene a continuación ha sido revisado y cuenta con el visto bueno de unos niños muy reales de diez años.

Carta de la Banda del Moco a los padres y las madres:

Queridos padres y madres:

Somos la Banda del Moco, unos niños de nueve y diez años que vamos a cuarto curso de primaria. Aparentemente, somos muy distintos: María es muy aplicada, saca las mejores notas y roza la perfección en todo lo que hace para el cole; Olaya saca buenas notas en lo que le interesa, y en lo que no le interesa... no tan buenas. Tiene una personalidad muy definida y por lo general sabe lo que quiere. Carlos, sin embargo, es muy inseguro y necesita siempre que alguien lo apoye en sus decisiones. Tiene dislexia y le cuesta sacar buenas notas, pero lo lleva bien y no tiene complejo por ello. Óscar es un poco gamberro, un poco agresivo, un poco disperso, no saca muy buenas notas, pero es muy buen amigo y pinta de maravilla.

Sin embargo, en el fondo somos muy iguales, porque todos queremos lo mismo, que, por cierto, es lo que quieren todos los niños y las niñas que conocemos. ¿Que qué es? Lo que más queremos en el mundo, lo que buscamos incansablemente y sin desalentarnos es:

1. **Sentirnos seguros y protegidos**, saber que siempre estáis detrás de nosotros para ayudarnos y salvarnos de todos los peligros, los físicos y los psicológicos. Solo si sentimos vuestra presencia segura respaldándonos seremos capaces de dar pasos por nuestra cuenta y de ir tomando decisiones propias sin depender de los demás.

2. **Sentir que estáis de nuestro bando**, que nos defenderéis y que podemos contar con vosotros aunque hayamos hecho algo malo. Una cosa es que nos regañéis —parece que es necesario que lo hagáis, en fin...—, y otra que nos sintamos abandonados y solos. Por favor, hacednos sentir siempre que estamos en el mismo lado. Solo así confiaremos en vosotros para contaros nuestras «miserias» y deciros la verdad. Y una cosa muy importante: ¡no nos mintáis, no nos engañéis! Si queréis que os digamos siempre la verdad, hacedlo también vosotros.

3. **¡Que nos queráis!** Incondicionalmente. Por «ser», simplemente, no por «hacer» las cosas bien o mal. Y que nos lo hagáis saber. Necesitamos darnos cuenta de que nos queréis, no deis por hecho que ya lo sabemos. Aunque a veces no lo entendáis, todos nuestros esfuerzos van encaminados a

sentir que, en efecto, nos queréis, estáis orgullosos de nosotros y no os defraudamos. De verdad que uno de nuestros miedos más arraigados es que os desencantéis de nosotros, que ya no nos queráis tanto o queráis a alguien más que a nosotros. No nos digáis frases tan dolorosas como «ya no te quiero» o «me has defraudado». Decidnos «te quiero aunque te hayas portado mal».

4. Sentir que confiáis en nosotros. Por favor, no nos miréis desde la desconfianza, como si esto fuera un pulso para ver quién gana. Claro que muchas veces queremos salirnos con la nuestra, pero nuestro anhelo último siempre será agradaros, no lo olvidéis. Confiad en que no somos malos, si acaso tenemos malas conductas; no somos egoístas, si acaso tenemos conductas egoístas; tampoco somos unos angelitos, simplemente, de vez en cuando, ¡nos portamos bien! Y las conductas, buenas o malas, se modulan, cambian, aumentan, disminuyen... Confiad en nuestro ser y ayudadnos a encontrar la forma adecuada de hacernos querer.

A medida que vamos creciendo, también queremos agradar a los niños de nuestra edad y tener amigos; y, por último, por supuesto que queremos sentirnos bien con nosotros mismos, de vez en cuando tener la sensación de ganar, de salirnos con la nuestra, de obtener un placer a corto plazo... ¿Vosotros no?

Fijaos lo difícil que lo tenemos para encontrar las conductas que satisfagan esos tres anhelos: gustaros a vosotros, tener amigos y sentirnos bien con nosotros mismos. ¡Y todo eso sin manual de instrucciones! Por eso tenéis que ayudarnos, con vuestros refuerzos, vuestros límites —parece que tenéis que ponerlos, en fin...— y vuestro ejemplo. Ah, y muy importante: con una forma de darnos las instrucciones que transmita amor incondicional, que, en nuestro lenguaje, no es otra cosa que, hagamos lo que hagamos, siempre siempre sintamos que nos queréis y confiáis en nosotros.

PRIMERA PARTE

Conocer a los niños... y a los adultos

1

La Banda del Moco

Carlos desenvolvió cuidadosamente el bocadillo que le había preparado su madre. Aunque era la hora del recreo y aquello parecía una colmena, con niños y niñas corriendo a su alrededor, cruzándosele delante y desviando el rumbo de sus carreras milímetros antes de chocar con él, Carlos, como todos los niños, tenía bien desarrolladas las técnicas de supervivencia necesarias para salvar su preciado bocadillo. Su madre le había puesto fuet como premio a una buena nota que había sacado el día anterior, ¡en un dictado!, y el fuet era lo que más amaba en el mundo. Bien se merecía disfrutar del bocadillo y no dejar caer ni una miga, porque, con su dislexia, le costaba sudores y llantos sacar algo que no fuera un suspenso en lengua. Pero ese día estaba feliz y sus padres también. Cerró los ojos con reverencia y se disponía a hincarle el diente a su bocadillo de fuet cuando, de repente, sonó una voz a su lado:

—Uy, qué bocata más bueno, dame un poco.

Fin del idilio. Carlos abrió los ojos sin sorpresa, sabiendo quién estaba ante él. De sobra conocía a Fran, un niño algo mayor que solía meterse en el patio de los pequeños a molestar.

—Bueno —dijo Carlos—, te doy, pero un trocito pequeñito, ¿vale? —Y le ofreció su bocadillo.

Fran era un abusón, pero todos sabían que nunca llevaba

nada para comer en el recreo y que siempre andaba un poco descuidado.

—Hummm, ¡qué bueno! —exclamó Fran, dando un mordisco descomunal y llevándose por delante medio bocadillo.

—¡Eh! ¡He dicho un trocito pequeñito! ¡Dame mi bocata! ¡Que me lo des! —gritó Carlos, intentando cogerlo.

Pero Fran era más alto y fuerte que él y, mientras apartaba a Carlos con una mano, con la otra se iba zampando el bocadillo.

Carlos sintió terror. Veía desaparecer ante sí su preciado premio, sin que pudiera hacerse nada... ¿O sí?

—¡¡¡MOCOS!!! ¡¡¡AYUDA!!! —gritó con todas sus fuerzas hacia la masa de niños que vociferaban a su alrededor.

Como por arte de magia, de la nada aparecieron dos niñas y un niño que se acercaron corriendo.

—¡Se está comiendo mi bocata! —gritó Carlos.

Rápidamente, los cuatro rodearon a Fran, al tiempo que Olaya gritaba:

—¡Ayudaaa!

Eso hizo que se acercaran otros compañeros, de modo que enseguida había una marabunta de niños y niñas rodeando al asustado Fran, que no se esperaba tal invasión.

—Vale, vale, ya te lo doy —le dijo a Carlos, le devolvió lo que quedaba del bocadillo y se fue corriendo de allí, aprovechando la confusión de niños que corrían y saltaban alrededor de ellos.

Olaya, Óscar y María se quedaron con Carlos.

—Gracias, me habéis salvado la vida —dijo este, mirando con pena el trozo de bocadillo que quedaba.

—Tú eres tonto, no tendrías que haberle dado nada a ese niño, ¡ya sabes cómo es! —le regañó Óscar.

—Pues no, ha hecho bien, lo que pasa es que Fran es un abusón y se pasa —replicó Olaya.

—Bueno, es que me daba pena, siempre está solo y nunca tiene nada para comer... —dijo Carlos.

—Pues eso, eres tonto. ¿A ti qué te importa si no tiene nada que comer? A mí tampoco me dan nada y, cuando se acuerdan, me dan lo primero que encuentran en la nevera —objetó Óscar.

—Mi madre dice que hasta que no se lo hayan ganado, no hay que darles nada a los demás. Por eso a vosotros sí os doy... —replicó María.

—Pues mi madre dice que siempre hay que ayudar a los demás, pero sin dejar que abusen de ti —dijo Olaya.

—Estoy de acuerdo —afirmó Carlos—, la próxima vez le daré yo un trozo y así no se zampará medio bocadillo.

Olaya asintió con convicción y María también, aunque algo menos convencida.

—Por cierto, ¿queréis... un poco? —preguntó Carlos.

Los demás, al ver su cara de sufrimiento por miedo a que dijeran que sí, se rieron.

—¿Ves como eres tonto? —dijo Óscar, pero ya en otro tono—. Venga, que se acaba el recreo, ¡un pillapilla!

Esta es la Banda del Moco: **María**, **O**laya, **C**arlos y **Ó**scar. Tienen entre nueve y diez años y están en la misma clase de cuarto. Son niños corrientes, alegres e inquietos, como todos, pero tienen un tesoro que no todos los niños pueden disfrutar: son amigos. Como habéis visto en el ejemplo anterior, cuando uno de ellos está en apuros, los otros acuden en su ayuda y le defienden, y suelen jugar siempre juntos. Eso no quiere decir que no discutan, se peleen o jueguen con otros compañeros, pero saben que se tienen y que no se fallarán. Y eso a alguno de la pandilla le está salvando la existencia, como veremos.

María, Olaya, Carlos y Óscar nos van a permitir entrar en el pequeño gran mundo interior de los niños, quienes, a veces, son un misterio para los adultos. «¿Se estará sintiendo mal?», «¿Me querrá tomar el pelo o es que de verdad no sabe hacerlo?», «¿Estará sufriendo y yo no me entero?», «¿Tiene un "morro que se lo pisa" y yo estoy creyendo que sufre de autoestima baja?», «¿Se está aprovechando de mí o querrá sacar tajada de mi preocupación?»...

Este es un mundo en el que una frase o una expresión de la cara pueden reflejar toda una gama de sentimientos, reflexiones y conclusiones que los niños nos muestran a medida que van adquiriendo nuevas experiencias. Los adultos hablamos mucho, por lo general, y somos más capaces de expresar lo que queremos y sentimos, pero también de ocultar y utilizar las palabras para lo que nos interesa mostrar. Los niños no tienen todavía tal dominio de la palabra y, además, no se paran a darles muchas vueltas a las cosas, sino que van acumulando y registrando experiencias; en suma, están aprendiendo constantemente. La mayoría de las cosas las aprenden por ensayo-error, porque nada está fijado todavía y cualquier cosa puede hacerles dudar o cambiar de interpretación. Pero, a su manera, nos comunican muy bien cómo se sienten y lo que piensan sobre lo que les sucede: no nos sueltan una parrafada filosófica (los sermones son exclusivos de las personas adultas), pero sí dicen frases sueltas, preguntan de repente cosas sorprendentes, muestran unos sentimientos intensos y no siempre coherentes con la situación, que nos hacen intuir que allí hay algo más, algo que procesan y almacenan, procesan y almacenan...

A lo largo de estas páginas analizaremos esas frases al parecer arbitrarias y esas reacciones misteriosas que los adultos no comprendemos con facilidad, con la idea de ayudar a nuestros niños a desarrollarse como individuos plenos. Este es el objetivo principal del libro:

Comprender a nuestros niños y educarlos para que desarrollen una autoestima sana y se conviertan en adultos asertivos.

Intentaremos transmitir esto sirviéndonos de tres elementos:

1. **La Banda del Moco**. Los niños y las niñas de esta banda nos van a ir desentrañando poco a poco su mundo interior para ayudarnos a comprender qué ocurre dentro de ellos. También nos permitirán entrar en el de sus padres, con sus frustraciones, proyecciones, alegrías y penas, porque si no comprendemos el mundo de los adultos que educan a los niños —es decir, nuestro mundo—, responsabilizaremos siempre al propio niño de sus dificultades y problemas.

María, Óscar, Carlos y Olaya son fruto de mi invención. Que nadie busque, pues, parecidos con la realidad. Cada uno de ellos es una mezcla de varios niños, varias anécdotas y situaciones que me han contado a lo largo de los años como psicóloga y madre.

2. **Las situaciones-ejemplo**, que explican mucho mejor que la teoría lo que queremos transmitir. Todas las descripciones de situaciones que aparecen son reales. Han sido debidamente modificadas: algunas son una mezcla de varias experiencias y los episodios más detallados cuentan con el consentimiento de los implicados, ya sean adultos o niños. Por todo ello, agradezco de corazón a todas las personas, mayores y niños, que me han enriquecido con sus experiencias, el haberme permitido entrar en su mundo y comprenderlo. Como veremos en estas páginas, sin ellos no habría sido posible escribir este libro.

3. **Los espacios para reflexionar** que se proponen a lo largo del libro. Algunos tienen respuestas cerradas, pero la mayoría son propuestas de reflexión, en donde se deja al lector el análisis de lo que ha respondido. Algunos se refieren a los niños —hijos o alumnos—, otros se centran en el adulto, padre, madre o docente, con la intención de explorar y comprendernos a nosotros mismos para, quizá, entender algunas respuestas que tiene nuestro niño. Todos los ejercicios están señalados con el símbolo, con la idea de que nos lo tomemos con calma, nos detengamos un rato y dediquemos tiempo a reflexionar y responder a lo que allí se sugiere.

Y aquí ya proponemos un primer reto:

Vuelve a leer lo que dice y opina cada uno de los cuatro miembros de la Banda del Moco ante el suceso del bocadillo de Carlos.

Con esas pocas frases ya nos están dando mucha información sobre cómo ven y viven las relaciones.

¿Qué opinas de la reacción de Carlos? ¿Y de la de Óscar? ¿De Olaya, de María? Apunta en este espacio cómo ves a cada uno de ellos, cómo te parece que son con sus amigos, en el colegio, en casa:

A María la veo ....

....

A Olaya la veo ....

....

A Carlos lo veo ....

....

A Óscar lo veo ....

....

Con estas primeras impresiones, vamos a ver cómo y desde dónde actúan María, Olaya, Carlos y Óscar.

¿DE QUÉ ESTAMOS HABLANDO?

De autoestima

Autoestima es una palabra muy utilizada últimamente. Es un término que está de moda. A veces se usa de manera poco respetuosa y otras se utiliza como arma arrojadiza para atacar: «¿Qué pasa, no tienes la autoestima suficiente para reaccionar?», o para victimizarse: «No soporto esto, me baja demasiado la autoestima». En cualquier caso, se usa para manipular al otro.

Sin embargo, es un tema tan importante, tan básico y vital, que es preferible que se haya puesto de moda para así tenerlo en cuenta.

La autoestima es la base de nuestro crecimiento como personas. Sin ella no podríamos desarrollarnos, tomar decisiones, relacionarnos adecuadamente. No existe ninguna persona que NO tenga autoestima, ya que nuestro cuerpo y nuestra psique están hechos para desarrollar una autoestima sana. Eso significa que nadie nace con mayor o menor capacidad de autoestima: todos nuestros esfuerzos en la infancia están encaminados a desarrollar una autoestima que nos permita defendernos y avanzar en la vida. Pero sí ocurre con frecuencia, y por desgracia, que esta capacidad innata se ve coartada, truncada, maltratada por acción del entorno que rodea al niño. Es entonces cuando aparecen mecanismos como la culpa, la agresividad, la introversión y la ocultación, las conductas disruptivas... que, por muy paradójico que suene, solo son mecanismos para sacar adelante a la persona, para fabricarse una «pseudoautoestima» que, aunque dañina, por lo menos empuja al niño a continuar desarrollándose y creciendo.

Pero ¿qué es la autoestima? Al margen de frases como «quererse a sí mismo», «pensar que soy único», «amarse y valorarse» que, a mi entender, no dicen mucho, una definición de autoestima podría ser:

La autoestima es el conjunto de pensamientos, sentimientos y conductas que hacen que la persona se considere DIGNA de ser QUERIDA y VALORADA por sí misma, SIN DEPENDER para ello del cariño o de la valoración de los demás.

Nótese que pone: «el conjunto de pensamientos, sentimientos y conductas», es decir, que las personas que tienen autoestima alta PIENSAN y se dicen argumentos que mantienen su autoestima alta («qué bien me ha salido», «esto lo puedo hacer», «ha salido mal, pero voy a ver cómo lo arreglo»); SIENTEN con frecuencia emociones agradables (sentirse queridas, sentirse en paz, o estar, simplemente, «contento») y SE COMPORTAN de manera autoafirmativa y segura. Esto se ve, por ejemplo, a la hora de tomar decisiones y de relacionarse.

Por el mismo mecanismo, las personas que poseen autoestima baja PIENSAN y se dicen argumentos que mantienen su autoestima baja («soy un desastre», «siempre igual», «si ha salido bien es por casualidad, no por mí»); SIENTEN con frecuencia emociones desagradables (culpa, inseguridad, vergüenza, tristeza) y SE COMPORTAN de manera insegura y dependiente de la valoración del exterior. También esto se refleja a la hora de tomar decisiones y de relacionarse.

Pero, por norma general, las definiciones se nos quedan algo elevadas y teóricas. Concretemos un poco más. Esta «sensación de ser digno de ser querido y valorado», ¿qué es? ¿En qué consiste? ¿En qué lo podemos notar? Nosotros, con ayuda de los niños, obtendremos la respuesta, pero antes os invito a pensar sobre vuestra propia autoestima y sus estribaciones.

Este es un pequeño cuestionario que nos invita a reflexionar sobre las diversas áreas de nuestra vida en las que queda reflejada nuestra autoestima:

Responde a estas preguntas:

1. ¿Cómo crees que es tu autoestima? En una escala del 0 al 10, donde 0 es «Lo hago todo mal» y 10 es «Lo hago absolutamente todo bien», ¿dónde te situarías?

2. ¿En qué te has basado para ponerte la puntuación que te has puesto? ¿En qué personas, situaciones, tareas has pensado?

3. Recuerda una situación en la que hayas sentido que habías hecho algo mal y describe con el máximo detalle tus sentimientos y lo que te dices a ti mismo en esas situaciones.

4. ¿Qué te dices a ti mismo cuando haces algo bien? Describe con el máximo detalle tus sentimientos y pensamientos en esas situaciones.

5. ¿Crees que haces las cosas mejor o peor que las personas que te rodean? ¿Crees que eres mejor o peor como persona? ¿Por qué lo crees?

_____

_____

_____

6. Cuál suele ser tu estado de ánimo habitual? ¿Qué emociones suelen acompañarte como base?

_____

_____

_____

Y ahora ¿qué? Este cuestionario no nos da una respuesta cuantitativa, pero sí nos informa de modo cualitativo de en qué punto está nuestra autoestima.

Veamos lo que contestaría una persona con autoestima baja y una persona con autoestima alta. ¿Con cuál te identificas más?

	AUTOESTIMA BAJA	AUTOESTIMA ALTA
¿Te quieres a ti mismo? En una escala del 0 al 10, donde 0 es «Lo hago todo mal» y 10 es «Lo hago todo bien», ¿dónde te situarías?	No. En la escala me situaría más cerca de «Lo hago todo mal».	Creo que sí. Me situaría en un 7-8.
¿En qué te has basado para ponerte la puntuación que te has puesto? ¿En qué personas, situaciones, tareas has pensado?	Suelo equivocarme mucho en lo que hago, mucho más que otras personas. Soy muy desorganizado/ mala/ insociable/ tonta/poco válido...	No he pensado en nada especial, es una sensación global.

Recuerda una situación en la que hayas sentido que habías hecho algo mal y describe con el máximo detalle tus sentimientos y lo que te dices a ti mismo en esas situaciones.	Me siento culpable y con rabia hacia mí mismo. Pienso que soy un desastre y que no me merezco nada bueno. Me critico duramente.	Me siento mal conmigo mismo, según cómo haya sido el error, con mayor o menor rabia. Después, intento ver cómo arreglar el error.
¿Qué te dices a ti mismo cuando haces algo bien? Describe con el máximo detalle tus sentimientos y pensamientos en esas situaciones.	No me suelo decir nada, si acaso: «Has hecho lo que tienes que hacer».	Me siento muy contento conmigo mismo, hasta orgulloso. Me alabo interiormente.
¿Crees que haces las cosas mejor o peor que las personas que te rodean? ¿Crees que eres mejor o peor como persona? ¿Por qué lo crees?	Hago las cosas peor. Me equivoco más, meto más la pata. Soy peor persona, egoísta. Valgo menos que los demás.	Ni mejor ni peor. Creo que todos nos equivocamos en la misma medida.
¿Cuál suele ser tu estado de ánimo habitual? ¿Qué emociones suelen acompañarte como base?	Suelo sentirme culpable o estar triste. Y luego me siento culpable porque no debería estar triste.	Depende de la situación, pero en la base siento bienestar, paz conmigo mismo.

Te reto a que reflexiones sobre las diferencias entre unos y otros.

Los niños nos dan muchas pistas sobre la autoestima, sobre sus componentes y sus puntos vulnerables. Ellos responden de forma concreta y sincera.

A un grupo de niños (esta vez reales) se les pasó este mismo cuestionario. Sus respuestas nos darán la clave para saber cuáles son los componentes de la autoestima.

Componentes de la autoestima

1. Amor incondicional. Significa sentirse querido y quererse a sí mismo por el mero hecho de ser «yo», por encima de toda circunstancia o problema. Para evaluar este factor, en el cuestionario que se pasó a los niños se añadió una pregunta: «¿Sientes que tus padres te quieren? ¿Por qué?». Nuestros niños dan mucho valor a sentirse queridos incondicionalmente: «Me quieren igual esté donde esté», «Creo que, por muy enfadados que estén, siempre me querrán». Aunque no todos sienten que reciben esa incondicionalidad: «Siempre me quieren, pero más si hago las cosas mejor», «Me quieren menos cuando me porto mal».

2. Sensación de pertenencia-seguridad. Es decir, lo seguros o inseguros que nos sintamos de nuestros actos y de nosotros como personas, con nuestras decisiones, opiniones, gustos e intereses. Muchas respuestas muestran la sensación de que están a gusto porque se sienten seguros y pertenecientes a sus padres: «Hacen muchas cosas y se toman mucho esfuerzo en mí», «Me ayudan», «Me han puesto en el mundo», «Me cuidan y educan».

3. Sensación de valía. Se refiere a la seguridad de que «valemos para algo» y, mucho más importante, a la sensación intrínseca de tener valía propia, de «valer» por el simple hecho de ser personas. Como esta sensación global se forma a partir de la adolescencia, los niños que han contestado el cuestionario todavía no la tienen desarrollada. Para ellos, lo importante es «valer para algo» y poder sentirse orgullosos de sí mismos: «Para ponerme esta puntuación he pensado en el colegio». «Soy muy buena música y tengo buenos amigos», «He pensado en cuando ayudo a mi madre a recoger la casa», «Me va muy bien en el colegio». Está claro cuáles son los valores que imperan en cada una de sus familias, ¿verdad?

4. Autoconcepto. Se refiere al concepto que tenemos de nosotros mismos: si somos buenos o malos, mejores o peores que los demás. Los niños reflejan una buena base para la autoestima cuando se ven iguales, ni mejores ni peores. Algunos ponen: «Soy algo peor que los demás. Lo veo», «Creo que soy mejor como persona». Y otros dicen: «Creo que puede que haga algunas cosas mejor que otras personas, y otras peor», «Yo creo que somos iguales, porque cada uno de nosotros hace algo bien, aunque sea algo diferente», «Creo que somos iguales porque la mayoría tratamos de ser buenas personas», «No hay nadie que sea mejor que otro».

Estos son los cuatro pilares de la autoestima, los que necesitamos tener cubiertos todas las personas, sin distinción de cultura, raza o religión. Necesitamos, como el aire que respiramos y como comer y dormir, sentir que somos merecedores de que se nos quiera incondicionalmente, sentirnos seguros y pertenecientes, tener la sensación de que servimos para algo y que valemos como personas y que somos únicos e incomparables. Y los niños dependen de nosotros para poder desarrollar estos cuatro puntos.

De asertividad

Con la Banda del Moco juega muchas veces Noelia, una niña de otra clase, pero del mismo curso. Es una niña con mucho carisma y ciertas dotes de liderazgo, que consigue hacer jugar a veinte niños en un mismo juego u organizar campeonatos de fútbol en los recreos. Es amiga de todos y todos se consideran amigos suyos. Solo hay una persona a la que Noelia odia: Laura, su prima dos años menor. Olaya a veces comenta con María que no entiende por qué Noelia odia tanto a su prima, si esta es completamente normal, tiene sus propios amigos y no se mete con nadie. Olaya lo comenta también con su madre, y esta piensa que quizá Noelia esté celosa de su prima, sobre todo si ella era la única niña de la familia hasta que nació su prima. A Olaya le convence bastante esta teoría y así se lo ha transmitido a sus amigos.

Hasta ahora, los niños se enteraban del odio de Noelia hacia su prima de refilón, porque esta estaba en otro edificio y casi nunca la veían. Pero este año la han cambiado al mismo edificio donde están las clases de Noelia y de la Banda del Moco y comparten patio de recreo.

Un día, poco después de comenzar el curso, Óscar se acerca corriendo a Carlos, María y Olaya:

—¡Venid! ¡Hay un nuevo juego que se ha inventado Noelia! ¡Es divertidísimo!

Los tres niños van corriendo, expectantes, detrás de Óscar.

—¿Y cuál es el juego? —pregunta a gritos Carlos.

—¡Molestar a Laura!

Los niños siguen corriendo hacia una esquina, en la que se encuentran la prima de Noelia y sus amigas. Olaya, de repente, aminora la marcha.

—¡Venga, que te quedas atrás! —le grita María.

—Es que no sé si quiero... —va diciendo Olaya, cada vez más bajo al ver que los demás no la escuchan. Hasta que se para y concluye la frase—: ... jugar a eso.

Observa a los niños arremolinados alrededor del grupo de Laura, gritando y haciendo como si fueran monos. Lentamente, se da la vuelta y se vuelve a donde estaban antes. Saca un yoyó del bolsillo del abrigo y comienza a jugar con él, hasta que suena el timbre que da fin al recreo.

—¡Jo, qué diver! —le comenta Óscar al subir a clase—. Pero ¿dónde te has metido? No te he visto.

—Es que no estaba, prefiero jugar sola.

—Pues para el siguiente recreo hemos vuelto a quedar, vente, ya verás, si esas se defienden que da gusto, no te creas que se cortan, es superdivertido —le dice Óscar.

—No, no me gusta ese juego —contesta Olaya.

—Pues te vas a quedar sola, porque estamos todos —le dice María—. Anda, vente, *porfi*...

Olaya duda un momento, pero finalmente responde:

—Pues me da igual, yo no juego a eso.

En el siguiente recreo se repite la misma escena. Olaya encuentra un muñequito en otro bolsillo y se pasa el recreo jugando con él.

Pero a la salida de clase, Carlos se acerca.

—Oye, se están pasando mucho con Laura y sus amigas.

—Ya lo sé, por eso no quiero jugar —contesta Olaya.

—Y como somos mayores, a veces les hacemos daño...

—Ya...

—Yo ya no quiero jugar a eso —dice Carlos—, ¿y tú?

—¡Yo ya no he jugado hoy! Oye, ¿por qué no te traes aquel juego que te trajeron los Reyes y lo probamos?

—Vale, ¡hasta mañana!

—Adiós.

Pero aquí no se acaba la historia, porque el «juego de molestar a Laura» duró algunos días, demasiados para Olaya y Carlos. Al cuarto día, cogieron a María y a Óscar por banda.

—Pero ¿queréis dejar ya de jugar a esa tontería? ¿No os dais cuenta de que Laura lo está pasando mal?

En esta ocasión Óscar ni los escuchó.

—Pues si no queréis jugar, es vuestro problema, yo me voy, ¡adiós! —Y se fue corriendo.

Pero María se quedó.

—Ya lo sé, pero es que todos juegan a eso, y Noelia dice que a Laura, en el fondo, le gusta...

—Pero ¿tú te crees eso? ¿De verdad piensas que a Laura le gusta? —le pregunta Carlos, incrédulo.

—Bueno, no sé, es lo que dice Noelia...

—A ver, María, piensa, si tú fueras Laura, ¿te lo estarías pasando bien? —le pregunta Olaya.

—Pues, no..., no... pero Noelia dice...

—Déjate de «Noelia dice» y piensa en Laura.

—Pero es que también dicen que sois unos pringados y que el que no juegue es un pringado.

—Bueno, ¿y a mí qué? Que digan lo que quieran —contesta Carlos.

—Venga, María, no juegues a eso y quédate con nosotros —le pide Olaya—. Mira, podemos jugar al escondite inglés, ahora que somos tres ya se puede jugar.

María mira hacia el grupo de niños capitaneados por Noelia, y luego contesta, mirando al suelo:

—Vaaale, jugamos al escondite inglés.

—¡Bieeen! —gritan Olaya y Carlos, saltando y abrazando a María.

¿Cómo terminó la historia? Pues pocos días después de estos episodios, el grupo y el juego se fueron diluyendo. Los niños empezaron a cansarse de molestar a Laura y cuando solo quedaban Noelia y dos amigas incondicionales, ellas mismas decidieron dejar el juego y dedicarse a otra cosa. Óscar volvió a jugar con María, Carlos y Olaya y nadie hizo ningún comentario más sobre el asunto. Pero la situación quedó fijada en sus cabezas como una nueva oportunidad de aprendizaje.

¿Sabéis ya de qué estamos hablando? Olaya y Carlos han mostrado conductas asertivas y María ha mostrado una conducta no asertiva. (De Óscar, de momento, no sabemos nada).

¿Qué es la asertividad?

La asertividad es la capacidad de autoafirmarse ante los demás, haciéndose RESPETAR y respetando en todo momento a los demás.

Igual que ocurre con la autoestima, la asertividad es un conjunto de PENSAMIENTOS, SENTIMIENTOS y CONDUCTAS que hacen que nos sintamos respetados y respetemos a los demás.

PENSAMIENTOS o automensajes asertivos son: «Tengo derecho a quejarme y me quejaré», «No estoy de acuerdo en esto, aunque todos piensen de forma distinta», «Entiendo que X se sienta así, pero yo lo siento de otra manera».

Los SENTIMIENTOS asertivos se parecen mucho a los de la autoestima alta: seguridad, coherencia, paz interior.

Las CONDUCTAS asertivas son todas las que reflejan el respeto hacia uno mismo, igual que hacia los demás: expresar una opinión, aunque esta sea impopular; saber decir «no» sin agredir al otro; discrepar o discutir, respetando a los demás, etc.

Los PENSAMIENTOS no asertivos son aquellos que temen o sobrevaloran la opinión de los demás en detrimento de la propia: «Van a pensar que soy un...», «Si digo esto, me van a rechazar», «Si me muestro como soy, voy a quedar como...».

Los SENTIMIENTOS no asertivos son los que se sienten cuando se supedita la propia persona a la evaluación de los demás: inseguridad, miedo, vulnerabilidad, pero también excesiva ira, desesperación.

Las CONDUCTAS no asertivas pueden situarse en dos polos opuestos: pueden ser las llamadas conductas **sumisas**, que son todas aquellas que se supeditan al otro, como callarse, seguir el juego de otra(s) persona(s), sobreadaptarse a los deseos de la otra persona; o las conductas **agresivas**, como son faltar al respeto, imponer, abusar. Aunque parezcan contrarias, ambas se nutren de una excesiva dependencia de los demás, es decir, intentan suscitar en los demás reacciones que les hagan sentirse queridos y aceptados en el caso de la conducta sumisa y con poder y control, en el caso de la conducta agresiva.

Como ocurre también con la autoestima, la asertividad no está en los genes, sino que se aprende. Por lo tanto, depende cómo nos hayan enseñado a relacionarnos con las personas, si desde la sumisión, la superioridad o la igualdad, seremos más o menos asertivos.

De la relación entre autoestima y asertividad

En el ejemplo anterior, hemos visto que Olaya y Carlos se muestran asertivos, mientras que María no. La conducta de María se engloba dentro de las llamadas conductas **sumisas**, que, como hemos explicado y seguramente habréis sacado en el ejercicio, son aquellas que se supeditan a los deseos de los demás sin haber considerado si se está de acuerdo o no.

Olaya y Carlos «consultan consigo mismos» antes de decidir si van a participar en el juego. Bien es verdad que Olaya decide no participar antes siquiera de empezar el juego, mientras que Carlos se introduce en el juego sin pensárselo mucho, y es solo después, al ver lo que significa «molestar» a Laura, cuando decide no participar. La diferencia en sí no es muy importante, significa que Olaya tiene, por lo menos en estos momentos y en lo que respecta a realizar este tipo de juegos, unos **valores** más claramente definidos que Carlos, mientras que este tiene que vivir la experiencia para decidir. En este punto, Olaya está más adelantada que Carlos en su desarrollo de la autoestima, quizá porque ve que en su casa ponen especial interés en el tema de seguir unos valores.

María, por otro lado, no «consulta consigo misma» antes de entrar en el juego. Sus criterios para decidir jugar a molestar a Laura se basan en el exterior: lo que diga Noelia y lo que siga la mayoría de los niños, eso estará bien y no se plantea más. Al cuestionarle Olaya y Carlos el tema y obligarla, en cierta medida, a replantearse sus criterios, María se encuentra acorralada y los argumentos que esgrime son: «Noelia dice...» y «todos lo hacen». María tiene un conflicto: por un lado, alguien con un fuerte carisma y que arrastra a muchos niños le dice que haga una cosa, pero por otro, sus amigos, con los que no quiere pelearse y a los que no quiere defraudar, le dicen que haga lo contrario. Al final opta por seguir a sus amigos, seguramente no porque la hayan convencido (aunque podemos decir en su favor que los criterios que le muestran Olaya y Carlos comulgan más con su forma de ser, ¡por algo ellos son sus amigos y no otros!), sino por mantener el vínculo afectivo que tiene con ellos: de nuevo, un criterio basado en el exterior.

Hasta ahora no hemos hablado de Óscar. En este caso solo sabemos que no se plantea nada, sino que sigue lo que dicen los demás sin dudar y parece darle igual lo que opinen sus amigos. Esto puede deberse a dos razones:

- O le vale más lo que hagan «los demás», es decir, en su escala de valores, sus amigos más íntimos están más abajo que «la mayoría», pero sigue tratándose de un criterio basado en el exterior, como en el caso de María.

- O el juego que propone Noelia conecta con sus preferencias y valores: por la razón que sea, a Óscar puede gustarle eso de molestar a otros y sentirse, por lo tanto, superior o parte de un grupo dominante sobre otros.

En ese caso, ¿Óscar se está comportando de forma asertiva? No, la conducta de Óscar es claramente **agresiva**, porque no respeta a los demás y porque, en el fondo, depende del exterior. O no se atreve a defraudar o contravenir a la mayoría, o quiere dar una imagen de chulito y superior y no se puede permitir parecer un «pringado» o un «débil», cosa que a Olaya y a Carlos no les importa.

Resumiendo, Olaya y Carlos son asertivos, porque tienen claros sus propios criterios, lo que les permite prescindir del afecto de los demás si para ello tienen que supeditar sus criterios. María es sumisa, no asertiva, porque se guía más por criterios externos (qué pensarán de ella, cómo va a quedar...) y supedita los suyos a los de los demás. Y Óscar actúa con agresividad, lo cual puede deberse a una falta de confianza en sus propios criterios, como le ocurre a María, o a un excesivo énfasis en unos criterios agresivos y de imagen.

A estas alturas, espero que estéis inmersos en un considerable batiburrillo de términos: ¿de qué estamos hablando, de autoestima o de asertividad? ¿La asertividad es solo un tipo de conducta o toda una forma de ser? ¿Qué tienen que ver ambos conceptos? Podríamos decir que ambos factores son caras de la misma moneda o el uno es causa del otro.

Para poder decir que alguien es asertivo (o sumiso o agresivo), tiene que tener unos pensamientos asertivos, tiene que sentirse asertivo y tiene que mostrar una conducta asertiva. ¿Y cuáles son los pensamientos y los sentimientos asertivos? Los mismos que los de la autoestima alta. Podemos afirmar lo siguiente:

La persona asertiva tiene la autoestima alta, mientras que la persona no asertiva tiene la autoestima baja.

Esto no es estrictamente cierto: hay personas con autoestima alta que no han aprendido a ser asertivas y tienen ciertas dificultades para autoafirmarse ante los demás, aunque en su interior tengan claro lo que quieren y, al final, se sigan a sí mismos. Por lo mismo, hay personas que tienen la autoestima alta y son agresivas, es decir, no asertivas. Esto se puede deber a que no conocen otra forma de defenderse, autoafirmarse o imponerse ante los demás. En ambos casos se trata de un déficit en el aprendizaje de las conductas, mientras que los pensamientos y sentimientos seguirán siendo asertivos. Por ello es muy importante que enseñemos a nuestros niños a comportarse de manera asertiva, a saber qué decir y qué hacer en una situación conflictiva para ellos.

El caso contrario no suele darse, es decir, que una persona tenga autoestima baja y sea asertivo, aunque pueda tener buenas habilidades sociales y dar la impresión de seguridad y asertividad.

¿Por qué están tan relacionadas la autoestima y la asertividad? Porque no es posible, por ejemplo, hacer frente a un grupo de personas que opina de forma diferente a la nuestra, decir «no», no participar en algo que es contrario a nuestros valores... si no nos respetamos a nosotros mismos y sentimos que «lo valemos».

Si nos importa más lo que opinen los demás de nosotros que nuestro propio criterio, les estamos dando más credibilidad a los demás que a nosotros mismos y esto vuelve a ser una falta de respeto hacia nosotros mismos. La falta de respeto es falta de aprecio, de valoración, de reconocimiento..., en suma, de estima hacia nosotros.

Solo si nos queremos y respetamos podremos autoafirmarnos ante los demás y hacernos valer. Pero es igual de cierto que solo si nos queremos y valoramos podremos querer y respetar a los demás.

La persona que actúa de forma sumisa no se está respetando a sí misma en ese momento, pero tampoco respeta al otro, aunque crea que sí. ¿Por qué? Porque no le ve como a una persona cuya valía estriba en eso, en ser humano, igual que ella, lo ve como a alguien superior de cuya aceptación y valoración depende. Por lo tanto, no ve al ser humano que hay dentro de cada uno, sino solo la parte que necesita para sentirse bien.

La persona que actúa de forma agresiva no se está respetando a sí misma, porque no quiere mostrar su vulnerabilidad ante los demás y necesita armarse de una coraza de superioridad y dominancia para resolver los conflictos. Y es evidente que no está respetando al otro en el momento de emitir la conducta agresiva, ya que tampoco le ve como a un ser humano, sino como un medio para sentirse mejor o para resolver un problema.

Por otro lado, la persona que por lo general se comporta de manera asertiva se está respetando a sí misma, porque se sigue a sí misma, a sus criterios, gustos y valores por encima de la opinión de los demás o de la imagen que dé. Y, a la vez, ve en el otro a un ser humano, con lo cual es capaz de comprender ciertos comportamientos, aceptar opiniones diferentes, empatizar con el otro... todo ello sin salirse de su propio camino. Por lo tanto, será capaz de respetar a los demás sin miedo.

Los chicos de la Banda del Moco tienen entre nueve y diez años y sus conductas todavía son tanteos. Nada está establecido aún y cualquier conducta y convicción puede cambiarse. De momento, están repitiendo lo que oyen, ven y sienten en su casa y están aplicando el método de ensayo-error: prueban con una conducta (por ejemplo, María), y si con esta obtienen un resultado satisfactorio, tenderán a repetir esa conducta en otras circunstancias parecidas. Si no obtienen un resultado satisfactorio, la conducta tenderá a extinguirse o a modificarse.

En el caso de la Banda del Moco no podemos hablar todavía de autoestima, ya que esta se está formando y modulando según las experiencias que van viviendo con sus padres y sus compañeros. Hasta pasada la adolescencia, como veremos más adelante, no se puede afirmar que una persona tenga autoestima alta o baja, o que sea asertiva, sumisa o agresiva.

De nosotros depende, pues, que nuestro hijo o alumno emprenda el camino hacia la autoestima y pueda convertirse en un adulto asertivo.

Pero que nadie se asuste. No hace falta ser un experto para educar para la autoestima y la asertividad.

Resumiendo, tenemos que hacer dos esfuerzos:

- Conocernos a nosotros mismos y nuestras carencias para identificar posibles cargas y evitar volcarlas sobre nuestros niños.
- VER al niño que tenemos delante libres de prejuicios, desconfianzas o miedos. Observarlo, intentar sacar la lógica que sigue, el sentido que tienen sus conductas, sabiendo que solo busca cubrir unas necesidades afectivas básicas.

PARA RECORDAR

Para describir bien cualquier término que afecte a la psicología del ser humano, lo mejor es analizarlo desde el *sentimiento* que produce, el *pensamiento* que suscita y la *conducta* resultante.

Desde este punto de vista, podemos definir la autoestima como el conjunto de pensamientos, sentimientos y conductas que hacen que la persona se sienta digna de ser querida y valorada por sí misma, sin depender para ello del beneplácito de los demás.

Los principales componentes de la autoestima son:

- La sensación de ser querido incondicionalmente.
- La seguridad en sí mismo y la sensación de pertenencia.
- La sensación de valía intrínseca.
- El autoconcepto.

Estos son los componentes que tenemos que trabajar y fomentar en nuestros niños si queremos hacer de ellos personas satisfechas consigo mismas y constructivas con sus errores.

La asertividad se define como el conjunto de sentimientos, pensamientos y conductas que permiten a la persona afirmarse ante los demás, pero respetándolos en todo momento.

Sin autoestima no hay asertividad. Solo seremos capaces de afirmar nuestros derechos ante los demás si antes los hemos afirmado ante nosotros mismos, si estamos convencidos de que merecemos el respeto incondicional de los demás. Y solo respetaremos a los demás si nos vemos iguales a ellos, con la misma valía que nosotros: ni más ni menos.

2

Invitación a VER a los niños

> Las personas se olvidan con demasiada frecuencia de que los niños son simplemente niños.
>
> OLIVER BESCH, profesor de primaria

CREENCIAS ERRÓNEAS RESPECTO A LOS NIÑOS

El episodio de «molestar» a Laura se complicó más. ¿Por qué? Porque Laura llegaba todos los días llorando a casa, acusando a Noelia y sus amigos de molestarla y no dejarla nunca en paz. Llegó un momento en el que Laura no quería ir al colegio y tenía terribles dolores de tripa frente a los que sus padres no sabían cómo reaccionar. ¿Y Noelia? Noelia también lloraba, lloraba amargamente acusando a sus amigos: de pronto, todos estaban en contra de Laura y la habían tomado con ella y ella, Noelia, no podía contra la furia de los demás, por mucho que lo intentaba.

Los padres de Laura, desconcertados, decidieron tomar medidas y hablaron, en primer lugar, con el colegio. No entendían cómo se podía tolerar una cosa así en el recreo, cómo nadie se había dado cuenta de que entre las clases de cuarto de primaria había futuros acosadores escolares y exigían que se tomaran medidas de manera inmediata para sacar a la luz lo que estaba ocurriendo y que el colegio se responsabilizara de este asunto y no lo ocultara, como en otros casos. Incluso llegaron a amenazar con difundir el tema a los medios de comunicación. Entonces les tocó a los responsables del colegio estar desconcertados. Tras varias deliberaciones, decidieron enviar una carta a todos los padres de cuarto, en la que se les ponía al corriente de los hechos y se les recomendaba que hablaran de este tema con sus hijos, para, entre todos, poner fin a tan desagradable situación.

Hoy ha llegado la carta a casa de María, Olaya, Carlos y Óscar y, como era de esperar, no ha dejado indiferente a nadie. Veamos qué ocurre en cada caso.

Casa de la madre de María

La madre de María lee la carta. Está separada y el padre de la niña se encuentra lejos, así que es ella la que tiene que afrontar la mayoría de los asuntos que conciernen a sus hijas. Entra en tromba en la habitación donde María está tan tranquila haciendo los deberes.

—¿Qué es esto? —grita, agitando violentamente la carta—. ¿Me puedes explicar qué es esto? ¡No me irás a decir que has participado en el juego ese de molestar a la niña!

María se queda tiesa y balbucea:

—Sí, bueno, digo, no, solo al prin...

—¡Has participado! ¡En vez de dedicarte a estudiar y sacar buenas notas, que es lo que tienes que hacer, te dedicas a molestar a otros niños!

—Pero, no, cuando Ola...

—¿Cuántas veces tengo que decirte que la escuela es para estudiar y no para perder el tiempo? ¿Es que no te das cuenta?

¡Eres una irresponsable! A estas alturas ya deberías saber que... ¿y ahora qué van a pensar los profesores de ti? Ya no se van a tragar eso de que eres buena y estudiosa, ¿te das cuenta? Ya estás marcada, y luego es muy difícil quitarse el sambenito de encima...

—Pero mamá, que yo no...

—¿Y qué van a pensar de tu padre y de mí? Ahora parecerá que te educamos mal, que te lo permitimos todo, como a todos esos niños maleducados. ¡Por Dios, María, cómo se te ocurre hacer una tontería así! ¡Hemos quedado a la altura del betún! ¡La hija de la señora Pérez recibiendo una carta de amonestación! Increíble, me parece francamente increíble que hayamos llegado a este punto...

María baja la mirada y murmura:

—Lo siento, mamá, no lo volveré a hacer...

—Eso espero, María, eso espero. A partir de ahora, estaré más al tanto de lo que haces, para que no te despendoles por ahí con esos niños.

—Vale, mamá, ahora voy a hacer los deberes —contesta María sumisa.

Casa de los padres de Olaya

La madre lee la carta y se pega un susto de muerte, pero decide disimular ante Olaya hasta comentarlo con el padre. Por la noche, lo hablan entre ellos, ambos preocupados y desasosegados, y deciden preguntar a Olaya qué ha ocurrido exactamente. Al día siguiente, se sientan con ella:

—Mira, Olaya, nos ha llegado esta carta del colegio. Léela, a ver qué opinas.

Olaya la lee y dice con toda tranquilidad:

—Ah, sí, eso fue un grupo de niños que les dio por molestar

a una niña más pequeña. Fue esa Noelia, de 4.° B, que siempre quiere hacerse la interesante, ¡y encima la niña es su prima!

—Pero, Olaya, ¿y tú participaste?

—No, me quedé jugando con el yoyó y luego, al día siguiente, estuve con Carlos y después de unos días, ya vino María.

Los padres se miran, algo preocupados.

—Pero, Olaya, mírame, ¿de verdad que tú no participaste? ¿Lo prometes? —le pregunta su padre.

Olaya se altera y grita:

—¿Es que no me crees? ¿Qué piensas, que digo mentiras? ¡Estás diciendo que soy una mentirosa! ¡Papá!

El padre contesta, en tono firme:

—A ver, Olaya, tranquila y no me levantes la voz, que yo tampoco te la estoy levantando. Si tú dices que te crea, y además te sienta tan mal que dude, te creo. Solo era una pregunta, porque me imagino que si todos, como dice aquí, participaban de ese «juego», tú te quedarías sola.

—Bah, pero me da igual, si luego ya vino Carlos.

—Y oye, Olaya, ¿no podías haber hecho algo para parar ese juego? —le pregunta la madre.

Olaya la mira sorprendida.

—¿Y qué podía hacer yo?

—No sé, por ejemplo, avisar a un profesor, porque eso estaba siendo una crueldad. Estas cosas hay que pararlas a tiempo. Tú no lo sabes todavía, pero luego, más adelante, estas cosas pueden derivar en acoso, pero si se previenen a tiempo se puede...

—Vale, mamá. Bueno... ¿puedo irme ya a jugar? —pregunta Olaya y, dando el silencio como respuesta afirmativa, se va dando saltos de la habitación.

Los padres se miran y sonríen. Ya están tranquilos.

Casa de los padres de Carlos

De forma muy parecida a como ocurrió en casa de Olaya, los padres de Carlos deciden hablar con él y este les relata lo ocurrido. El padre le pregunta:

—Pero ¿tú participaste en ese juego?

—Bueno, al principio me parecía divertido, además, iba con Óscar, pero luego vi que Olaya no jugaba y pensé que a mí tampoco me apetecía seguir jugando a eso, porque era reírse demasiado de esa niña.

—Muy bien, Carlos, hiciste muy bien —le dice la madre.

Pero el padre se muestra preocupado.

—Bueno, está bien que no participaras de ese juego, pero ¿por qué no lo hiciste desde el principio? Tendría que haber salido de ti y no esperar a que otra niña tomara la iniciativa.

—Déjale, pobrecillo, estaría asustado, con todos los niños alrededor y no sabría qué hacer —interviene la madre.

—Bueno, asustado tampoco estaba, es que Ós... —contesta Carlos.

—No, Carlos, deberías haberte negado a participar en ese juego. Has sido un poco cobarde, y eso me preocupa, porque no hay nada peor en la vida que ser cobarde —responde el padre, a lo que la madre añade a toda prisa:

—Bueno, cariño, no te estamos regañando, seguro que la próxima vez lo harás mejor, ¿verdad?

—Ya, pero deberías haber puesto más de tu parte, Carlos, hijo, y haber dicho que no participabas de ese estúpido juego —insiste el padre.

—Bueno, cariño, ya está bien, vamos a dejarlo, la cuestión es que Carlos no fue de los que se habla en esta carta, ¿verdad? —dice la madre, a la vez que coge a Carlos y lo oprime contra su pecho.

Carlos asiente y se deja abrazar mientras contempla a su padre desde la seguridad de los brazos de su madre.

Casa de los padres de Óscar

La madre lee la carta y llama a Óscar.

—¡Óscaaar! ¡Ven aquí ahora mismo! A ver, Óscar, ¿qué es esto? ¿Ya te has metido otra vez en problemas? ¿Otra vez liándola? ¿Qué ha sido esta vez, eh? ¿Qué ha sido?

Óscar la mira sin comprender.

—¿De qué me estás hablando?

Pero la madre continúa su discurso, subiendo el tono cada vez más:

—Vamos a hablar con tu padre ahora mismo, porque esto no puede ser, al final te van a echar del colegio. ¡Paco! Dile algo a tu hijo, que ya está bien. Yo ya no sé qué hacer con él, todos los días me viene con algo.

—Pero, mamá, si es la primera vez que...

—¡Cállate! Siempre queriendo salirte con la tuya. No haces más que darnos problemas a tu padre y a mí. Y tú... —se dirige al padre—, ¿no le vas a decir nada? ¡Mira lo que ha hecho esta vez el desastre de tu hijo!

El padre lee la carta y, cuando la termina, le dice, en tono siseante:

—Lo haces aposta, ¿verdad? Sabes que este colegio nos está costando un riñón y quieres fastidiarnos, ¿no? ¿Eso es lo que quieres? ¿Quieres hundirnos a todos?

—Pero yo no pensaba... —intenta defenderse Óscar.

—¡Cállate! En esta casa tú no eres el que piensa, ¿está claro? ¡En esta casa el que piensa soy yo! ¡Y lo que pienso es que no vas a ir a ese campamento en verano, a ver si aprendes de una vez!

—Papá, no, por favor, ¡el campamento no! —A Óscar se le llenan los ojos de lágrimas—. ¡Mamá!

La madre se encoge de hombros.

—Tienes lo que te mereces, Óscar, ahora vuelve a tu habitación.

—Pero, mamá, por favor...

—¡A tu habitación!

Óscar sale llorando de la habitación. Al salir, oye que el padre le pregunta a la madre:

—Por cierto, ¿qué es lo que le hacían a esa niña? Porque no me he enterado de nada...

¡Qué reacciones tan diferentes pueden tenerse ante un mismo hecho! Unos padres se preocupan por la imagen que dan, otros por lo que significa participar en ese juego, unos se preocupan un poco, otros lo ven como un hecho terrible e insostenible...

Vamos a analizar con mayor profundidad las reacciones de los padres de la Banda del Moco. Todos hacen alguna cosa bien y todos, también, cometen una serie de errores, muy típicos, por cierto, a la hora de educar a los niños.

Uno de los errores más comunes que cometemos en nuestra sociedad es partir de una serie de prejuicios y creencias respecto a cómo son los niños que, la mayoría de las veces, son generalizaciones e inexactitudes que nos impiden ver lo que son en realidad. Como iremos viendo, los niños no son un estamento aparte del de los adultos, no son tampoco tontos «y no se enteran de nada», ni perversos que se han propuesto ir a la caza del adulto para ejercer poder sobre él. Los niños solo son personas que necesitan y sienten lo mismo que nosotros los adultos, pero que carecen de la experiencia que tenemos nosotros y tienen que aprender por ensayo-error.

Tan sencillo como parece y, sin embargo, el niño ha pasado de ser considerado un ser sin voz ni voto (recordemos la serie de televisión *Cuéntame*, en la que, cada vez que el hijo menor hacía alguna pregunta molesta o protestaba por algo, lo mandaban a su habitación) a ser considerado un ser egoísta, manipulativo y temible si no se le mete en vereda. Entre medias, están esos padres que no quieren traumatizar a su hijo y le escuchan más que a sí mismos, le consienten todo y se ven incapaces de ponerle los límites que pondrían a cualquier adulto. Estos padres ven cómo sus hijos se hacen cada vez más tiranos y caprichosos, y llegan a la misma triste conclusión que los otros: que los niños son seres egoístas, que solo buscan el propio placer. ¿Qué hemos hecho para que «nos salga así»?, se preguntan.

Hay un miedo al niño, miedo a hacerlo mal, por un lado, y miedo a que se nos suba encima, por el otro. Y todo ello ocurre porque nos dedicamos a repetir máximas mil veces escuchadas («lo hace para llamar la atención», «se está riendo de nosotros») sacadas del acervo popular y con un cierto sabor rancio y desconfiado que todavía impera en buena parte de la sociedad.

¿Cuáles son esas máximas, esas creencias que todo el mundo que tenga niños a su cargo ha pensado alguna vez? Principalmente, son cuatro:

1. «Los niños son manipuladores, siempre quieren salirse con la suya, tomarnos el pelo, reírse de nosotros».

Esta actitud crea, sobre todo, desconfianza hacia el niño. Por un lado, hace que tendamos a no creerle. Cuando nos asegura que no ha hecho nada mal, solemos tener la mosca detrás de la oreja: «Ya, y yo que me lo creo. Este lo que quiere es que no le caiga un castigo». Eso seguro que es verdad en muchos casos, pero ¿y cuando no lo es?

Otra consecuencia de ello es que tendemos a distorsionar lo que nos cuentan los niños, siempre siguiendo esa creencia. Cuando montan en cólera, tienen una pataleta, se defienden culpando a otro... nos planteamos: «¿Me estará tomando el pelo? ¿Será puro teatro?».

Estas actitudes son hasta cierto punto normales y humanas. Pero muchas veces «tiramos al niño con el agua del baño», es decir, todo lo interpretamos como manipulación por su parte, cualquier conducta que nos disguste o preocupe pasa a ser un «quiere salirse con la suya», y nos paramos cada vez menos a escuchar, intentar analizar qué hay detrás de lo que nos cuenta, qué puede haber de cierto... en suma, nos olvidamos de VER al niño que hay detrás de nuestra teoría.

Otra forma de manifestar esta creencia de que los niños son manipuladores *per se* es afirmar que «los niños son egoístas y van a lo suyo».

Esta idea lleva aparejada una subidea, también muy extendida, que enseguida interpreta que cuando un niño se porta mal, «solo quiere llamar la atención», lo que lleva a restar importancia a su conducta, a no hacerle caso, «a ver si se le pasa». De nuevo, no se paran a VER al niño para tratar de averiguar qué le ocurre y qué necesita.

El concepto más general, «los niños son egoístas y van a lo suyo», sirve a muchas madres y muchos padres para explicar conductas de sus hijos que no entienden y, desde luego, a veces es un consuelo. «Con la ilusión que me hacía enseñarle a mi hija la escuela en donde estudié y me ha dicho: "Mamá, no quiero ir, eso es un rollo, quiero quedarme a ver una película". Ah, pero es que los niños son unos egoístas... Bueno, ya no estoy tan dolida, qué se le va a hacer, son así». Sí, sirve de consuelo para no frustrarnos, pero no es cierto, como veremos luego. Y como no es cierto y les estamos colgando una etiqueta a nuestros niños, de nuevo nos estamos alejando de ellos y de VER y comprender qué es lo que en realidad pasa en su interior. Pero...

No es verdad que los niños sean manipuladores, siempre quieran salirse con la suya, tomarnos el pelo o reírse de nosotros.

Por lo menos, no es verdad si lo afirmamos como un rasgo distintivo de su condición de niños o si lo contemplamos como lo más significativo de su carácter. Porque nosotros, los adultos, ¿no queremos salirnos con la nuestra? ¿No aplicamos consciente o inconscientemente estrategias para que la otra persona «nos dé la razón», «piense bien de nosotros», «se convenza de nuestra inocencia»? Aunque esto suene frío, es la pura verdad. Todos necesitamos tener una cierta sensación de control sobre nuestras interacciones.

Eso no significa que todos, de manera intencionada, seamos manipulativos o queramos salirnos siempre con la nuestra a costa de la otra persona.

¿Por qué, entonces, pensamos que los niños son más manipulativos o que hay algo malo en querer salirse con la suya?

¿Ir «a lo nuestro» es ser egoísta? ¿Intentar sacar lo mejor para nosotros es ser egoísta? Según estos criterios, todos nosotros somos unos egoístas sin remedio, porque quién más, quien menos, todos intentamos cuidarnos, protegernos, salir beneficiados de las situaciones.

Estamos extrapolando una faceta muy natural del ser humano y le estamos dando un cariz moral, a la vez que simplista: es como si los niños fueran solo así y no tuvieran nada más, como si su máximo anhelo en la vida fuera sacar los beneficios para sí mismos a costa de los demás o con indiferencia de los demás.

Por supuesto que el niño tiene que tener una dosis de «egoísmo», y pobre del niño o del adulto que no la tenga. Tenemos un mecanismo natural de autoprotección y autocuidado que nos hace velar por nuestros intereses por encima de todo. Ese impulso, esa necesidad, siempre permanecerá con nosotros y es un mecanismo de sana supervivencia. Sin embargo, si esta necesidad inherente a todo niño no encuentra acogida, es más, es bloqueada con críticas o «moralinas», el niño intentará reprimirla y, aunque sienta que se está haciendo daño, procurará parecer que no es egoísta. A la larga, creencias como esta, manifestadas repetidamente al niño, crearán culpa y vergüenza en él, ya que se le hace creer que él es el único que posee esta necesidad, tan natural, disfrazada de defecto moral.

Si a Carlos no le gusta el pescado, intentará a toda costa aplicar todas las triquiñuelas que se le ocurran para evitar comerlo. ¿Es por ello manipulativo y «siempre» se quiere salir con la suya? Pues exactamente igual que cuando su padre tiene que enfrentarse a un jefe desagradable, cosa que le cuesta mucho, y se busca todas las triquiñuelas para evitar hacerlo.

El **padre de Olaya** cae en este error cuando le dice:

—Pero, Olaya, mírame, ¿de verdad tú no participaste? ¿Lo prometes?

Olaya, ya lo hemos visto, es de las más asertivas del grupo y la que tiene las ideas más claras. Parece que va apuntando a desarrollar una autoestima sana y esto se debe, en buena medida, a la intervención comprensiva y aceptadora de sus padres. Pero hemos querido reflejar que los padres de Olaya también cometen errores, porque son humanos y fruto de la misma sociedad que los de los otros niños, y porque, por suerte, no existen los padres «perfectos» que críen a niños igual de perfectos. Como veremos, lo sano no consiste en no cometer errores respecto a nuestros hijos, sino en saber reconocerlos y corregirlos.

Vemos que el padre de Olaya, pese a creerla y darle la oportunidad de explicarse antes de sacar conclusiones, duda un poco de la veracidad de lo que le cuenta su hija. Hay una traza de desconfianza en la pregunta. Es probable que el padre haya oído muchas veces eso de que los niños siempre quieren salirse con la suya y, aunque en general confía en su hija, a veces, cuando Olaya se está defendiendo de algo, le asalta la duda: ¿lo dirá para que no la regañe o es verdad?

Lo que ocurre en este caso es que, al ver la reacción de su hija, y conectando con la confianza básica que tiene en ella (y con experiencias anteriores de saber que esta suele contar la verdad), recula rápido y le da la razón, explicándole por qué dudó de ella: al oír que Olaya era la única que no participaba, le pareció que no aguantaría quedarse sola. El hecho de que el padre ceda es muy importante para Olaya, porque queda restablecida la sensación de seguridad que necesita tener cubierta una niña a esta edad. A la vez, si nos fijamos, el padre pone unos límites: no permite que Olaya le grite. Separa claramente el tono del contenido y se muestra firme respecto al primero, mientras que se permite ceder respecto al segundo. No se trata, pues, de ceder «porque sí» ante cualquier enfado de nuestros hijos, sino de tener claro en qué ceder y en qué mantenernos firmes (ver, para ello, el capítulo 5).

También los **padres de Óscar** cometen este error:

—Siempre queriendo salirte con la tuya.

—Tú lo haces aposta, ¿verdad? Sabes que el colegio nos está costando un riñón y lo haces para fastidiarnos, ¿no?

Óscar está recibiendo maltrato psicológico, como se irá viendo a lo largo del libro. Y una de las razones es que los padres parten del concepto de que los niños «son manipuladores y siempre quieren salirse con la suya». Es más, en este caso, no solo piensan que Óscar quiere salirse con la suya, sino que va a fastidiarles. Presuponen una maldad en el niño que, de momento, no tiene, aunque puede que a base de repetírselo, como a Carlos, termine creyéndoselo y actuando en consecuencia. ¿Por qué afirmamos que Óscar no tiene esa maldad? Por un lado, por lo que decíamos antes: con diez años no se puede decir que un niño «es» malo, bueno, vago o trabajador. Está probando y afianzando conductas y actitudes, y nada está asentado aún. Pero muchas veces imponemos al niño cómo tiene que ser a base de repetirle una y otra vez nuestra percepción subjetiva de sus intenciones. Por otro lado, Óscar no puede tener la maldad estratégica de «fastidiarles porque sabe que el colegio les está costando un riñón» simplemente porque carece de motivos para querer fastidiarles. Los niños quieren que sus padres les quieran y les admiren, no sentirse rechazados. Además, el razonamiento de calcular cuánto les está costando el colegio para, desde ahí, lograr fastidiarles con su mala conducta no responde a la lógica de un niño de diez años, como veremos.

Las frases que lanzan los padres de Óscar presuponen que este se ha propuesto como meta principal en la vida fastidiar a sus padres (¿por qué?) y que aprovecha cualquier oportunidad que se le presenta para ejecutar su plan malévolo. ¡Como si Óscar no tuviera otras motivaciones, necesidades y apetencias en la vida!

Lo trágico de este caso es que Óscar no solo se sentirá lejos de sus padres e incomprendido, sino también muy culpable por no ser como ellos quieren que sea, muy confuso porque lo que le dicen no tiene nada que ver con su realidad e, intuimos, terriblemente solo. Todo eso lo logran sus padres por el tipo de palabras que utilizan, el tono de voz y el castigo final, del todo desproporcionado respecto a lo que ha hecho Óscar. La frase final que oye Óscar («... ¿qué es lo que le hacían a esa niña? Porque no me he enterado de nada...») le evidencia que su padre no le VE tal y como él necesitaría que le VIERAN.

2. «Los niños tienen claros conceptos morales básicos, como responsabilidad, egoísmo, obligación...».

Esta idea, aparte de errónea, como veremos, nutre muchos sermones que se sueltan a los niños («es tu obligación ir a la escuela», «un niño bien educado nunca haría eso», «es tu responsabilidad») y que estos, la mayoría de las veces, no entienden. Peor todavía, esto puede dar pie a desarrollar un instrumento de disciplina que hace mucho daño: la etiquetación. Los niños son etiquetados muy a la ligera de «irresponsables», «egoístas», «vagos», antes siquiera de que ellos sepan qué significa la palabra y, desde luego, de forma totalmente injusta, porque nadie «es» irresponsable o egoísta, si acaso «se comporta» de manera irresponsable o egoísta en un momento dado.

Al pensar que el niño tiene claros ciertos conceptos morales, atribuimos a su voluntad errores que quizá haya cometido por otras razones: «Con lo listo que es, si no aprueba es porque no quiere». ¿Por qué? «Porque es un vago y un irresponsable». Ya tenemos de nuevo la moralidad metiéndose por medio. Quizá este niño no sepa estudiar...

Si a un niño le ponemos una etiqueta («Este es "el desastre" de los dos hermanos»), nos estamos alejando de él, nos estamos colocando sobre una nube que flota por encima del niño, cada vez más lejanos, más abstractos... Nos olvidamos de VER al niño que hay detrás de la conducta que nos preocupa. Porque...

No es verdad que los niños tengan claros conceptos morales básicos, como responsabilidad, egoísmo, obligación.

No es verdad, entre otras cosas, porque está demostrado que el concepto de «ética» o «moralidad» no surge evolutivamente hasta los ocho años.

Antes de esa edad, la «moral» del niño consiste en desempeñar buenos o malos roles y en satisfacer las expectativas de sus referentes más próximos. Si mi madre se muestra muy satisfecha conmigo y me alaba y mima cuando ayudo a mis amigos, tenderé a repetir la acción para volver a recibir su cariño y sentir que cubro bien sus expectativas. Si veo que mi madre intenta sacar siempre el propio provecho, aun a costa de los demás, tenderé a imitarla y estaré muy desconcertada cuando quizá esta misma madre me reproche ser egoísta por no dejarle un juguete a otro niño.

A partir de los ocho años, se desarrollan en el niño dos facetas importantes para que pueda formarse un pensamiento «moral». Por un lado, empieza a comprender el porqué de las normas, qué sentido tienen las prohibiciones y los límites, y es más capaz de obedecer «por convicción» y de salirse del binomio refuerzo-castigo. Por otro, a esta edad comienza a desarrollarse la capacidad de empatía, es decir, de «sentir» cómo se está sintiendo otra persona. Hasta entonces, todas las conductas desprendidas y altruistas las ejecuta porque sabe que a sus padres les gusta que se comporte así.

De hecho, la psicología evolutiva dice que los niños no son capaces de adoptar un comportamiento puramente altruista hasta bien entrada la adolescencia, a los dieciséis años, más o menos. Por ello no podemos pedirle a un niño de menos de ocho años que se comporte con corrección moral *motu proprio*: simplemente, no es capaz.

Hay un concepto que muchas veces se confunde con el egoísmo y que sí es un rasgo distintivo de la infancia: el egocentrismo. Egocentrismo significa sentir que todo lo que ocurre alrededor tiene una relación directa con uno, es decir, el niño se siente centro y causa, las cosas ocurren porque él lo ha hecho bien o mal o para premiarlo o castigarlo. De pequeño cree que ese día hace buen tiempo para que pueda celebrar su cumpleaños en el parque, pero también puede sentirse culpable de la separación de sus padres. En el niño pequeño todavía no están claros los límites entre su «yo» y el de los demás y, por ello, muchas veces se siente omnipresente, es decir, responsable o causante de cosas que ocurren a su alrededor, aunque él no haya estado presente cuando acontecieron.

Es solo paulatinamente y con el paso del tiempo que el niño va abandonando ese pensamiento egocéntrico y va siendo capaz de ver el límite entre su ser y el de los demás: es entonces cuando puede empezar a sentir empatía y compasión y, también, cuando puede decidir ser egoísta. Pero repetimos que todo ello no ocurre antes de los ocho años y, a partir de esa edad, se va desarrollando muy poco a poco.

La **madre de María** comete este error cuando le dice:

> —¡Cuántas veces tengo que decirte que la escuela es para estudiar y no para perder el tiempo! ¿Es que no te das cuenta? ¡Eres una irresponsable!

> —¡En lugar de dedicarte a estudiar y sacar buenas notas, que es lo que tienes que hacer, te dedicas a molestar a otros niños!

Es evidente que estos son conceptos morales para la madre de María. Para los padres de la niña, sacar buenas notas es un valor con un alto contenido moral. Así lo manifiestan, utilizando el tipo de frases generalizantes que se utilizan cuando se habla de ética y moral: «La escuela es para estudiar y no para perder el tiempo», «... que es lo que tienes que hacer...».

Los valores morales siempre conllevan un grado de obligación y así lo expresa la madre de María.

Pero ¿qué tendrá esto que ver con el juego de molestar a Laura? ¿Qué tendrá que ver, sobre todo, con el sentimiento de confusión de María, que no sabía si seguir al grupo o volver con sus amigos?

¿Creéis que así María aprenderá a valorar la educación que está recibiendo, a apreciar lo que se le enseña y a interiorizarlo?

Lo que sin duda está aprendiendo María es a obedecer y a realizar las cosas por sumisión. Así lo expresa al final: «Lo siento, mamá, no lo volveré a hacer», sintiéndose, con toda seguridad, muy lejos de su madre y muy sola con sus sentimientos.

Hoy María asume las cosas por sumisión, pero cuando crezca y entre en la adolescencia, es posible que se vuelva rebelde y actúe en contra de estas normas impuestas sin explicación... o que se venga abajo y se deprima con frecuencia, al no tener interiorizados recursos ante el fracaso.

El **padre de Carlos** comete este mismo error:

—Podrías haber puesto más de tu parte.

Esta frase nos gusta mucho a los adultos: «Tienes que poner de tu parte». ¿Qué quiere decir exactamente? ¿Que si algo le sale mal al niño es porque no se ha esforzado lo suficiente? En realidad, yo no sé muy bien cómo interpretarla, pero, en cualquier caso, parece que va en la línea de confundir capacidad con voluntad. Es decir, no es que el niño no sepa cómo estudiar, es que «no pone de su parte»; no es que nadie le haya enseñado a resolver un conflicto, es que «no pone de su parte» y, por último, no es que Carlos no se diera cuenta de lo que estaba haciendo al seguir a los niños que molestaban a Laura, y que, cuando se dio cuenta, salió del grupo, no, no es eso, es que «no ha puesto de su parte».

Esta expresión confunde y hace confundir capacidad, conocimientos y experiencia con voluntad. Y eso apela directamente a un conocimiento «moral» que se le presupone al niño, según el cual este «debería» saber qué hacer y cómo actuar en todo momento y si no lo hace, como debería saberlo, es que no quiere. Así de simple y así de dañino. Porque, en el mejor de los casos, al niño le sonará a frases huecas y sin sentido para él y sentirá que el adulto no se está enterando de nada y, en el peor de los casos, el niño se sentirá culpable por no haber puesto toda la carne en el asador para resolver una situación que no sabe cómo resolver, pero que «debería» saber resolver.

En el caso de Carlos, en el que adivinamos una cierta sobreprotección por parte de la madre, es probable que la frase del padre caiga en saco roto y le distancie más de su hijo, que pronto habrá aprendido a refugiarse en los brazos de su madre cada vez que algo no le encaja.

3. «Los niños razonan con la misma lógica que un adulto».

Damos por hecho que los niños tienen que saber ciertas cosas y valorarlas como las valoramos nosotros: «¿Cómo se te ocurre querer comprarte ropa de marca si sabes que tu padre se ha quedado en el paro?», «¿Es que no sabes lo que nos está costando el colegio?», «Sabes que tienes que labrarte un futuro»...

Según cómo transmitamos esta incomprensión, el niño puede vivirlo como que nos está defraudando siempre, porque una y otra vez falla en algo que parece que «debería» saber, o, simplemente, sentirse muy muy lejos de nosotros, como si habláramos idiomas distintos. En cualquier caso, cualquier niño avispado dejará de contarnos sus problemas y dificultades si cada vez le salimos con lo que, desde nuestro punto de vista de adulto, debería saber, hacer o pensar. Esta creencia errónea nos aleja mucho de VER qué hay detrás de esa reacción tan incomprensible que ha tenido, cuando está todo «tan claro» para nosotros y «a estas alturas, ya debería saber...». Y es que...

No es verdad que los niños razonan con la misma lógica que los adultos.

No es verdad, porque, como pone en la cita del principio de este capítulo, muchas personas olvidan que los niños son niños. Y los niños, como hemos dicho, comparten con los adultos las mismas necesidades y los mismos sentimientos, pero se diferencian por una cosa importantísima: carecen de experiencia. No tienen criterios sobre las cosas (por eso es tan peligroso engañar a un niño pequeño: se creerá todo lo que le digamos), sus conclusiones, creencias, valores tienen que formarse. Y también su pensamiento.

La lógica tiene que aprenderse, no está formada de antemano. El niño tiene sentimientos fuertes y, por otro lado, sabe lo que le gusta y lo que no le gusta, pero no conoce las prioridades que establecemos los adultos a la hora de tomar decisiones o actuar de un modo u otro. No le podemos reprochar que, estando la familia en aprietos económicos, nos pida un juguete carísimo: esa es nuestra lógica porque sabemos lo que significa tener que desembolsar una cantidad importante para algo que no es necesario, pero el niño no lo sabe. Tendremos que explicárselo, pero no reprocharle que no se haya dado cuenta ni tildarlo de desconsiderado. Y cuando se lo expliquemos, debemos utilizar los argumentos que respondan a su lógica, no a la nuestra.

¿Cómo es la lógica del niño?

En el niño, el «razonamiento» va pasando de muy concreto a cada vez más abstracto.

En el niño pequeño todo es el descubrimiento de sí mismo. Por tanto, sus necesidades, sus deseos, sus gustos irán en primer lugar, porque necesita saber cuáles son y delimitarlos. Más adelante, va siendo capaz de comprender nuestros razonamientos, pero, hasta bien entrada la adolescencia, le cuesta mucho no hacer caso a sus sentimientos e impulsos. Los sentimientos, las emociones, son de los mecanismos más importantes en el ser humano, porque son como un dispositivo que nos avisa sobre lo que ocurre a nuestro alrededor. El niño tiene que aprender a manejar las emociones, a canalizarlas y saber qué hacer cuando aparecen. Su cuerpo le pide que priorice las emociones para concentrarse en ellas y aprender a sobrevivir, pero a la vez, debe saber que no puede convivir con los demás haciendo solo caso a sus emociones, porque eso haría imposible la convivencia. Tendrá que aprenderlo y somos nosotros quienes tendremos que enseñárselo, porque, por sí mismo, no renunciará sin más a algo que le apetece «solo» porque no podamos pagárselo. En el capítulo 5 describiremos con más profundidad cómo hacerle llegar esto al niño.

Muchas personas dan por hecho equivocadamente que el niño viene con «el conocimiento puesto» y que, si no sabe hacer o razonar algo, es porque no quiere.

La **madre de María** manifiesta este error de la siguiente forma:

—¿Y qué van a pensar de tu padre y de mí? Ahora va a parecer que te educamos mal, que te lo permitimos todo, como a todos esos niños maleducados. ¡Por Dios, María, cómo se te ocurre hacer una tontería así! ¡Hemos quedado a la altura del betún! ¡La hija de los señores Pérez recibiendo una carta de amonestación! Increíble, me parece francamente increíble que hayamos llegado a este punto...

Es evidente que la madre de María está dando por supuesto que su hija maneja la misma lógica que ella y se guía por los mismos parámetros —adultos— que ella. Lo que opinen los demás sobre cómo educan los señores Pérez a su hija, de momento, no es algo que tenga que importar a María ni a ningún niño de diez años. En su orden mental de prioridades hay cosas mucho más importantes que les va marcando el momento evolutivo en el que se encuentran: por ejemplo, qué hacer con ese sentimiento confuso que debió de asaltar a María al darse cuenta de que había seguido a los niños que molestaban a Laura y de que sus amigos le decían que no lo hiciera; o cómo manejar la sensación de «estar fallando a su madre», cuando lo que intentaba María era no fallar a sus amigos, o, un dato muy importante, cómo entender sin dejar paso a la culpa los mensajes contradictorios que le envía su madre. ¿Contradictorios? Sí. Por un lado, la madre pretende que María sea asertiva, es decir, que anteponga el criterio de estudiar y portarse bien al hecho de caer bien a los demás, pero, por otro lado, se muestra demasiado preocupada por la opinión de los demás (tanto de los profesores como de los otros padres) e intenta sobreadaptarse a ellos. María podría pensar: «¿En qué quedamos? ¿Hago lo que esperan mis amigos de mí, a riesgo de caerles mal a los demás, o voy a contracorriente anteponiendo mis estudios a todo lo otro?». Por desgracia, su madurez de diez años no le permite hacerse un planteamiento así, sobre todo si lleva toda su vida escuchando mensajes parecidos en casa, porque no ha tenido oportunidad de conocer otros criterios y tiene que creerse que lo que le dice su madre es cierto.

Solo le queda una opción: sentirse culpable («si mi madre se enfada conmigo, algo habré hecho mal») e intentar «obedecer» o aparentar obedecer para resolver así el conflicto.

También la **madre de Olaya** comete este error:

—No sé, por ejemplo, avisar a un profesor, porque eso estaba siendo una crueldad. Estas cosas hay que pararlas a tiempo.

Este es un ejemplo muy típico de lógica adulta, diferente de la lógica del niño. Cuando un adulto piensa en cómo resolver una situación como la descrita con Laura, es fácil que se le ocurra recurrir a una autoridad, pedir ayuda a quien puede solucionar el problema. Pero si nos situamos en un colegio, a la hora del recreo, con diez años y, sobre todo, acusando a otros que a ella en particular no le han hecho nada, la cosa carece de sentido. Seguramente, muchos alumnos se darían cuenta de que una niña va a buscar al profesor, y Olaya quedaría como la «chivata» que se pone del «otro lado» y acusa a sus compañeros, ¿con qué fin? Para «hacer la pelota». En cualquier caso, se vería como una traición. Esa es, en la situación que describimos, la lógica del niño, muy diferente de la del adulto.

Como los padres de Olaya se lo sugieren, no se lo imponen como la madre de María, Olaya hace oídos sordos, «desconecta» y pregunta si ya se puede ir. Olaya no sacará ningún trauma de la conversación, mientras que María se sentirá culpable. Pero a ninguna de las dos le habrá servido la lógica que quieren aplicar a su situación de niños los adultos de referencia.

4. «Tal y como se comportan, así son».

Esta actitud es también muy común y es hermana de la etiquetación, de la que hablábamos antes. Cuando el niño se porta mal, ha hecho «algo gordo» o tiene una reacción incomprensible para nosotros, tendemos a pensar que «es un bicho, un desastre, una histérica, un hipersensible...», lo cual conlleva la idea de que siempre será así y no cambiará o de que «ha salido así», sin que nosotros tengamos mucho que ver en ello, «porque mira su hermana, tan diferente...». Estamos confundiendo la conducta con el ser.

Este error es muy común, también entre adultos. Nos resulta más cómodo clasificar y juzgar a las personas en su totalidad que intentar analizar por qué se comportan de una manera determinada.

A veces, esto hace que nos preocupemos en exceso porque el niño nos haya salido «así» o utilizamos dicha idea como arma arrojadiza, en forma de etiquetación, cuando criticamos o regañamos al niño: «Es que eres un desastre, siempre igual», «siempre te estás metiendo en líos», con lo que traspasamos al niño la misma idea de inamovilidad que ya tenemos nosotros. El problema es que el niño se lo cree y crea su autoconcepto a partir de lo que le decimos. Si cada vez que se comporta de manera torpe le decimos que es un torpe, terminará teniendo la profunda convicción de que él, como persona, es torpe.

De nuevo, esto supone un alejamiento del niño. Nos dejamos cegar por su «mala» conducta y sacamos conclusiones que nos impiden VER qué razones puede haber detrás de esa conducta que nos resulta tan incomprensible y terrible. Porque...

No es verdad que son como se comportan.

Cuando le colgamos una etiqueta a un niño, estamos razonando, ahora sí, con su misma lógica, pero los adultos somos capaces de ver más allá y no quedarnos con lo que aparentan las situaciones.

El niño pequeño se identifica con sus actos. Para él, se trata de una misma cosa: «Si me dan cariño por algo que he hecho, soy bueno. Si me regañan por algo que he hecho, soy malo. Cada vez que vuelva a hacer eso volveré a "ser" bueno o malo». Esto se debe a que el niño, al principio, no tiene claro su «yo», como decíamos antes, y tiende a confundir su conducta con su ser. Es un claro exponente de «tanteo» que, poco a poco, se va aclarando hasta delimitar quién es separado del exterior.

Los adultos ya hemos dado este paso y somos muy capaces de separar una cosa de otra: sabemos que podemos *comportarnos* de forma airada en un momento dado, pero eso no nos convierte en personas airadas, sabemos que alguna vez podemos dejarnos la luz encendida al salir de casa, pero eso no nos hace *ser* un desastre de persona.

Pero, por desgracia, los adultos olvidamos esta capacidad con una facilidad sorprendente. Y así, sin ningún derecho, clasificamos al vecino de cutre porque viste de una manera que no nos gusta, o evitamos la compañía de alguien que se comporta de forma rara, sin reflexionar siquiera un poco por qué se comporta así. Mucho peor es si lo hacemos con los niños, porque con ellos no tenemos ningún derecho a pensar que si se les olvida apuntar los deberes, «nos han salido» irresponsables, ya que ni siquiera tienen la personalidad formada. Los niños no «son» todavía nada, están en formación y, repetimos, todo lo prueban y ensayan «a ver qué pasa» y cómo reaccionan los demás. De nuestra reacción dependerá que el niño sienta que está bien seguir en esa dirección o que es mejor dejarla y probar con otra, pero haciendo que se sientan mal como personas no les estamos ayudando en nada.

El **padre de Carlos** muestra con claridad meridiana este error:

—Has sido un poco cobarde, y eso me preocupa, porque no hay nada peor en la vida que ser cobarde.

Esta frase presupone muchas cosas. Están representados en ella varios de los errores de los que hemos hablado. Citamos la frase para este error porque en ella queda muy patente cómo el padre confunde la conducta de Carlos con una faceta de su personalidad. Por ejemplo, utiliza la expresión «has sido», en vez de «te has comportado». Aunque parezca lo mismo, no lo es, y en el capítulo 6 profundizaremos en los efectos que producen frases que solo se distinguen por una palabra. Decir «has sido un cobarde» transmite inamovilidad; parece que estamos hablando de un rasgo de carácter que no se puede cambiar (y aún más terrible si «no hay nada peor en la vida que ser un cobarde»), mientras que «te has comportado de forma cobarde», aun siendo demasiado simplista, se refiere a la conducta, algo modificable y susceptible de corregir si es incorrecta.

Es probable que, si preguntáramos al padre de Carlos, este diría: «Hombre, claro que sé que mi hijo puede aprender conductas de valentía y asertividad, era un decir». Sí, será un decir, pero a Carlos le puede caer como una losa que quizá marque para siempre su autoconcepto (la imagen o el concepto que tiene de sí mismo): «Soy un cobarde, luego no me voy a esforzar en cambiar. Como me están diciendo que eso es algo terrible, tendré que adaptarme a ser cobarde y desarrollar estrategias de supervivencia desde ese concepto de mí».

Además, ¿alguien le ha explicado a Carlos qué conductas tendría que aprender para comportarse con valentía? Y así, el acto de valentía que supuso salirse del grupo y unirse a Olaya quizá se quede en eso, en un acto aislado que no tendrá ganas de repetir, porque «¿para qué? Si me están diciendo que soy un cobarde».

Igualmente, la **madre de Óscar** cae en este error cuando le dice al padre:

—¡Mira lo que ha hecho esta vez el desastre de tu hijo!

Esta frase presupone en primer lugar que Óscar es un desastre y, en segundo lugar, que sus conductas lo demuestran con mucha frecuencia («esta vez...»). Aquí no solo se están confundiendo conducta con ser, sino que se da por hecho ya una personalidad previa. Cualquiera al que se le dijera eso se sentiría averiado «sin remedio» desde el principio y, por supuesto, sin ninguna posibilidad siquiera de analizar lo que ha ocurrido. «¿Para qué, si de todas formas soy un desastre?».

Todo lo que hemos dicho para Carlos vale para Óscar, solo que su impacto en el niño tiene mayor virulencia por la manera en que se expresa.

Óscar se tiene que sentir, como decíamos, muy solo en su propia casa, ya que ninguno de los padres le apoya (al buscar apoyo en la madre, esta hace poco más que encogerse de hombros) y sus «terribles errores» son aireados a gritos entre un progenitor y el otro.

 Observa durante un tiempo las frases repetitivas que sueles decirles a tus hijos o alumnos y anótalas. Ten en cuenta que las mejores frases salen cuando nos enfadamos o disgustamos por algo que ha hecho el niño.
Ahora, reflexiona:

1. ¿Son frases de este estilo?

   – «¿Me estás tomando el pelo?».
   – «¡Qué lista! A ver si te crees que no me he dado cuenta de...».
   – «¡Ja! Y yo que me lo creo».

Si frases como estas forman parte de tu repertorio, seguramente tendrás la creencia respecto a tu hijo o alumno de que

Los niños son manipuladores, siempre quieren salirse con la suya, tomarnos el pelo, reírse de nosotros.

2. ¿Son frases de este estilo?

- «A estas alturas, ya deberías saber que...».
- «Es tu responsabilidad».
- «Eres un egoísta».

Si frases como estas forman parte de tu repertorio, seguramente tendrás la creencia respecto a tu hijo o alumno de que

Los niños tienen claros los conceptos morales básicos, como responsabilidad, egoísmo, acatamiento de normas...

3. ¿Son frases de este estilo?

- «¿No te das cuenta de que el día de mañana...?».
- «¡Muy bien! ¡Sigue rompiendo las cosas!».
- «Tienes que entenderme: no tengo tiempo de llevarte al fútbol».

Si frases como estas forman parte de tu repertorio, seguramente tendrás la creencia respecto a tu hijo o alumno de que

Los niños razonan con la misma lógica que un adulto.

4. ¿Son frases de este estilo?

- «Eres un vago, desastre, incompetente, egoísta...».
- «Siempre igual, no cambiarás nunca».
- «Ya no sé qué hacer contigo».

Si frases como estas forman parte de tu repertorio, seguramente tendrás la creencia respecto a tu hijo/alumno de que

Tal y como se comportan, así son.

Hasta aquí hemos intentado pasar más allá de nuestras creencias y prejuicios sobre lo que es un niño, salirnos de estos esquemas y VER de verdad a quien tenemos delante.

Ahora vamos a dar un paso más profundo. Intentaremos traspasar con nuestra mirada la cabeza de nuestros niños y VER qué hay en su pequeño cerebro, cómo funciona este órgano apasionante que rige todo nuestro ser.

¿QUÉ OCURRE EN REALIDAD EN EL CEREBRO INFANTIL?

El cerebro es un órgano en continua evolución. Cuando nacemos, carece de información y experiencia y tiene que ir nutriéndose de los múltiples estímulos que recibe a lo largo de la infancia para aprender y establecer así las conexiones cerebrales necesarias para desarrollarse.

Desde esta perspectiva, ¿qué significa «aprender»? Aprender no es más que establecer conexiones nerviosas o redes neuronales estables, de tal forma que, por ejemplo, cuando veamos algo que crece en el campo, con un tallo verde y unas hojas de colores en su extremo, lo clasificaremos de inmediato como «flor», sin necesidad de hacer un análisis exhaustivo cada vez que nos encontremos una.

Del mismo modo, el niño va creando redes neuronales (o esquemas mentales) respecto a cómo actuar, qué pensar y cómo sentir ante diversas situaciones y personas. Estas redes neuronales o esquemas tienden a permanecer estables en el tiempo, pero es importante recalcar que el cerebro posee una gran flexibilidad y es capaz de modificar cualquier red neuronal, por muy compleja y establecida que parezca.

Durante un tiempo, en psicología nos gustaba decir que el niño nace como una *tabula rasa*, con el cerebro casi en blanco salvo unas cuantas funciones básicas corporales, y que era todo lo que recibía de su entorno más cercano lo que iba marcando el desarrollo de cada individuo.

Ahora sabemos que esto es una verdad a medias. Gracias a Stephen Porges y su Teoría Polivagal,* nos hemos dado cuenta de que somos mucho más parecidos a los animales de lo que creíamos, de que el cerebro está preparado y adaptado para la supervivencia desde el día en que nacemos y de que todos, adultos y niños, reaccionamos siempre en primer lugar para asegurarnos la supervivencia... aunque esta no esté necesariamente en peligro.

Para ello, contamos desde el inicio de nuestra vida con el sistema nervioso autónomo (SNA), el encargado de la respiración, la tasa cardíaca, la digestión y muchas otras funciones que ahora veremos.

¿Qué es lo más importante para la supervivencia? Muy cerca de comer y cubrir las demás necesidades fisiológicas está la seguridad.

La **seguridad** es vida, y eso lo «saben» todas las criaturas de la tierra: el lobezno se siente seguro porque su madre lo protege de peligros y lo alimenta, el bebé se siente seguro porque... su madre lo protege de peligros y lo alimenta.

Tanto en los niños como en los adultos, el SNA posee lo que podríamos comparar con un escáner que va rastreando continuamente nuestro entorno y también nuestro estado interior para detectar posibles peligros y reaccionar ante ellos o relajarse en la seguridad. Esto se llama «neurocepción», la percepción del cerebro.

Según lo que vaya detectando en la línea seguridad-peligro, el SNA tiene tres respuestas posibles, que identificamos como

---

* Aquí solo podemos hacer un resumen sobre esta importantísima teoría. Para saber más, consultad la Bibliografía.

estados de ánimo o estados generales. Es lo que respondemos cuando nos preguntan: «¿Cómo estás?».

1. Seguridad-Conexión

En el cerebro está activada la parte ventral del nervio vago. Nuestro SNA no detecta peligro, estamos en el estado de seguridad. Nos sentimos tranquilos, relajados y, muy importante, conectados con nosotros mismos y con quienes nos rodean.

Si detecta alguna amenaza, que puede ir desde algo que se nos cae al suelo hasta un retortijón de la tripa, pasando por una mala noticia, un enfado, un disgusto..., el SNA entra en el estado de

2. Lucha/Huida

En nuestro cerebro se activa el sistema simpático. En ese momento el SNA envía una orden para que el ritmo cardíaco y la respiración aumenten. Se liberan adrenalina y cortisol y la presión sanguínea aumenta para poder hacer frente al posible peligro. Nuestro cuerpo entra en estrés y, dependiendo de cómo evaluemos la amenaza y nuestra capacidad de hacerle frente, lo afrontaremos (lucha) o evitaremos (huida). Por lo general, pasado el «susto» el SNA vuelve al estado de SEGURIDAD/CONEXIÓN, pero, a veces, se queda estancado en este estado de alerta y es cuando sentimos ansiedad o un cuadro de estrés.

También puede ocurrir que el SNA detecte que el peligro es tan grande que no podemos hacerle frente ni tenemos posibilidad de huir. Son situaciones extremas, como catástrofes, agresiones, abusos, accidentes... En este caso, el SNA entra en el estado de

3. Inmovilización

Es cuando, en el cerebro, se activa la parte dorsal del nervio vago. En este estado, nuestro ritmo cardíaco, presión sanguínea y temperatura corporal disminuyen y se liberan endorfinas, que nos insensibilizan ante el dolor. Estamos bloqueados o en shock.

En los animales, este estado se produce con relativa frecuencia: es cuando «se hacen los muertos» para no ser devorados por un depredador. En los humanos, cuando se ha entrado en shock debido a una situación traumática, este estado produce un gran desequilibrio, que puede llegar al llamado Estrés Postraumático.

Nuestro SNA no utiliza estos estados solo ante situaciones de peligro, sino que lo hace a diario como respuesta a los estímulos internos y externos que va detectando. Veamos algunos ejemplos.

Estamos tomando un café con una amiga (seguridad-conexión), y de repente, oímos un ruido tremendo y nuestro cuerpo se activa (lucha-huida). Nos damos cuenta de que ha explotado un globo a nuestro lado y nos volvemos a sentar, sonrientes (seguridad-conexión).

Estamos corriendo por la calle porque llegamos tarde a una cita médica (lucha-huida). Cuando llegamos, nos informan de que el médico todavía no está. Nos sentamos, exhaustos e incapaces de reaccionar (inmovilización). Al cabo de un rato, cogemos nuestro móvil y nos ponemos a mirar los mensajes hasta que nos atienda el médico (seguridad-conexión).

A lo largo del día, incluso se mezclan los estados en una misma situación. Cuando jugamos, se mezclan el estado de lucha-huida con el de seguridad-conexión; cuando estamos en la playa, tomando el sol y «no hay quien nos mueva», se unen los estados de inmovilización y seguridad-conexión.

Un concepto muy importante es el de **estado basal**. Al margen de que nuestro SNA esté rastreando de forma permanente los estímulos que nos llegan, desde niños se va formando un estado corporal y emocional básico y permanente, que idealmente debería ser el de seguridad-conexión, pero que también puede ser el de lucha-huida. Nuestro organismo tenderá a volver siempre a nuestro estado base. Así, si el estado base es el de la seguridad-conexión (estamos de excursión por el monte con unos amigos), al aparecer un estímulo amenazante (de repente, vemos lo que parece un lobo ante nosotros) tenderemos a buscar la conexión en primer lugar (nos miraremos los unos a los otros) y solo si esto no nos es de ayuda, se activará el sistema de lucha-huida (echaremos a correr). Pasado el «peligro», nuestro organismo tenderá a volver a su estado basal de seguridad-conexión (seguiremos con la excursión).

¿Qué tiene que ver esto con la educación de nuestros niños?

Muchas conductas, tanto de nosotros mismos como de los demás, incluidos los niños, que no entendemos o juzgamos como erróneas (y a veces penalizamos) no son más que reacciones de nuestro sistema nervioso autónomo ante estímulos que interpreta como amenazantes.

«¿Por qué no contestas? Vamos, responde de una vez», le espeta la profesora a **Carlos**. Quizá su SNA se encuentre en el estado inmovilizado, porque está muy asustado y no sabe cómo salir de la situación.

Cuando sus padres le castigan sin ir al campamento, **Óscar** empieza a llorar y dar puñetazos. «¡Cállate! ¡Estate quieto!», le gritan sus padres. Puede que su SNA esté en lucha/huida ante la gran frustración que le supone ese castigo.

María está viendo vídeos de YouTube y riendo por lo que ve. Su madre la regaña: «¿Qué haces viendo estas cosas? Pareces tonta, riéndote con estas idioteces...». Tal vez su SNA está en el estado de seguridad-conexión y María, simplemente, lo está disfrutando.

Cuando no identificamos lo que está ocurriendo en nuestro interior, es muy fácil que caigamos en juicios, evaluaciones, críticas... o que nos asustemos ante reacciones que no entendemos. Muchas veces esa incomprensión da lugar a que nos sintamos culpables o avergonzados. Eso nos sucede a los adultos, pero es mucho más grave si ocurre con los niños y la incomprensión viene de nuestra parte. Recordemos que los adultos somos la vara con la que se miden los niños y una crítica o un juicio desfavorable puede desencadenar toda una dinámica de **culpa** de la que al niño le costará desprenderse, más aún si esa incomprensión es lo que recibe en su día a día.

A partir del capítulo 4 veremos cómo tratar a nuestros niños para que se sientan comprendidos y respetados, pero os invito a dar un importante primer paso: detectar, en nosotros y en nuestros niños, cuándo nos encontramos en el estado de seguridad-conexión, cuándo en lucha-huida y cuándo en inmovilización.

Toma este dibujo de modelo, o haz copias de él.

Durante tres días, al final de la jornada, plantéate:

- ¿En qué momento recuerdo haber estado en seguridad-conexión?
- ¿En qué momento recuerdo haber visto a mi hijo/alumno en seguridad-conexión?

Piensa lo mismo con los estados de lucha-huida y de inmovilización.
Anota tus conclusiones en la hoja o donde te resulte más cómodo.

PARA RECORDAR

Para educar a los niños para la autoestima y la asertividad, es muy importante que aprendamos a VER lo que hay en su interior. Para ello, tenemos que liberarnos de prejuicios, temores y filtros mentales que hacen que, cuando contemplamos al niño, solo veamos lo que nuestra subjetividad nos permite ver.

Hay una serie de **falsas creencias** respecto a los niños que son muy frecuentes y nos impiden ver realmente al niño:

- Los niños son manipuladores, quieren tomarnos el pelo, reírse de nosotros o salirse con la suya.
- Los niños tienen claros conceptos morales básicos como responsabilidad, obligación, civismo.
- Los niños razonan con la misma lógica que el adulto.
- Tal y como se comportan, así son.

Estas creencias son erróneas y solo hacen que no podamos acceder al niño y VER realmente lo que hay en él.

Todos los mamíferos tenemos en el cerebro un sistema nervioso que gestiona nuestra supervivencia: el sistema nervioso autónomo. Este escanea nuestro entorno exterior e interior para detectar estímulos que nos den seguridad o supongan un peligro (neurocepción).

Conforme a esto, podemos estar en un estado de seguridad-conexión, lucha-huida o inmovilización. Es muy importante que sepamos interpretar nuestras reacciones y las reacciones de nuestros niños a partir de este conocimiento; de lo contrario, es fácil caer en juicios, críticas o miedos ante el desconocimiento de algunas reacciones nuestras. Y eso da lugar a culpa.

3

¡Fuera barreras!
Análisis de mis proyecciones,
frustraciones y expectativas

En la clase de la Banda del Moco acaban de devolverles los exámenes de matemáticas. Al terminar la clase, María, Olaya, Carlos y Óscar salen juntos del aula.

—¿Qué habéis sacado? —pregunta Olaya—. A mí me han puesto un seis, vaya, ni bien ni mal.

—¡Anda, qué casualidad! Yo también he sacado un seis —dice Carlos—. ¡Qué bien: premio!

Todos lo miran.

—¿Premio? —pregunta Óscar, incrédulo.

—Pues sí, como tengo dislexia, cuando saco mejor que un 5, me dan premio.

—¡Pero si siempre sacas mejor que un 5! ¡Tú lo que tienes es un morro...! —le dice Óscar.

—Oye, listo, y tú ¿qué has sacado?

Óscar mira al suelo con cara sombría.

—Pues... un seis.

—¡Otro seis! ¡Vamos a celebrarlo! Pero no pongas esa cara, hombre, que no pasa nada por sacar un seis —dice Olaya.

—¡Eso te valdrá a ti, que eres tonta! —le grita Óscar—. A mí no me dejan sacar un seis, ¿sabes? A mí me van a castigar y me quedaré otra vez sin fútbol, pero como vosotros sois unos niños mimados, claro, ningún problema, claro, ¡encima os dan un premio!

—Pero Ós... —intenta decir Olaya.

—¡Déjame en paz! —le grita Óscar y se va corriendo.

Olaya y Carlos se miran.

—Déjale, ya sabes cómo es... Mañana se le habrá pasado y estará como si nada —dice Carlos.

—¡María! ¿Y tú? —pregunta Olaya, que se acaba de dar cuenta de que su amiga lleva todo el rato a su lado sin decir palabra.

María tiene una expresión de terrible angustia en la cara. Da la sensación de que, si abre la boca, se echará a llorar. Quizá por eso solo se encoge de hombros.

—María, ¿qué te pasa? ¿Qué has sacado? —le dice Olaya, pasándole el brazo por encima del hombro.

María no contesta y continúa con la mirada baja. Olaya y Carlos la acompañan hasta la verja de entrada, en donde la espera su madre. Al verla, la expresión de María se acrecienta todavía más, tornándose en verdadero terror. Mira a sus amigos con ojos suplicantes, como si quisiera agarrarse a ellos y no soltarse de ahí, pero solo murmura:

—Adiós.

Y se va al encuentro de su madre.

Olaya y Carlos se la quedan mirando.

—Yo sé lo que ha sacado —dice Carlos—, porque se lo vi. También ha sacado un seis.

Los padres y educadores queremos lo mejor para nuestros niños. Queremos que se hagan hombres y mujeres de provecho, que crezcan felices, que sufran lo menos posible... Queremos también que tengan un buen trabajo, vivan una vida próspera, por lo menos igual que la nuestra o más, sí, quizá a veces queremos que superen lo que somos nosotros y les vaya mejor, que no caigan en los mismos errores y que no hagan...

ALTO AHÍ.

¿De quiénes estamos hablando, de los niños o de nosotros? ¿Dónde están nuestros niños y dónde estamos nosotros? ¿Dónde se sitúa el límite entre lo que queremos estrictamente para ellos y lo que nos ayuda a nosotros que ellos hagan? Muchas veces utilizamos de modo inconsciente a nuestros niños para que cubran, con su vida, alguna frustración nuestra, algo que no pudimos alcanzar. O al revés, queremos a toda costa que sigan los mismos pasos que dimos, porque eso es lo que nos ayudó a nosotros. O sentimos que se nos educó de manera tan penosa que no queremos repetir el mismo patrón... y nos vamos al otro extremo.

Todos somos humanos y no podemos prescindir de nuestro pasado ni de la repercusión de este en nuestros pensamientos y actos. Pero muchas veces utilizamos al niño para lograr compensar o satisfacer cosas nuestras, olvidándonos de que es una persona diferente de nosotros, alguien que está pendiente y absorberá todo lo que le enseñemos, pero que vive en otras circunstancias y en otros tiempos que los nuestros y que, por ello, tiene derecho a vivir sus propias experiencias y sacar sus propios aprendizajes.

En forma de frases, teorías, acciones, refuerzos y castigos les colgamos a nuestros niños cosas que no les pertenecen y sí, y mucho, pertenecen a nuestro pasado y a nuestras circunstancias particulares. Más nos vale darnos cuenta a tiempo de lo que les vamos colgando y que no les pertenece, antes de que se hagan adolescentes y nos lo tiren a la cara de manera violenta.

Todos los padres transmitimos a nuestros hijos una serie de «máximas» o mensajes parentales que vienen a ser como instrucciones para la vida. De una forma u otra, tenemos unas convicciones y las intentamos transmitir a nuestros hijos. Estas convicciones se podrían plasmar como mensajes que estuviéramos lanzando de modo constante a los niños a través de frases, gestos, reacciones diversas, etc. Un mensaje de este tipo podría ser: «Tienes que pensar siempre en ti y defenderte al máximo, porque si no, los demás te comerán», o también el contrario: «Hay que ser bueno y pensar siempre en los demás».

En el ejemplo sobre las notas de matemáticas, vemos con bastante claridad que los padres de los cuatro niños les están transmitiendo mensajes diferentes respecto al tema «rendimiento». Esto se evidencia en las diversas reacciones que cada uno tiene ante una misma nota.

Si resumiéramos en una o dos frases los mensajes que están transmitiendo cada uno de los padres de la Banda del Moco a sus hijos, ¿cuáles podrían ser sus convicciones?

- Madre de María: HAY QUE

- Padres de Olaya: HAY QUE

- Padres de Carlos: HAY QUE

- Padres de Óscar: HAY QUE

Vamos a hacer un poco de introspección. Tanto si somos padres, como educadores o ambas cosas, está claro que tenemos una «intención» respecto a los niños que estamos educando. ¿Qué queremos de nuestros niños? ¿Qué les intentamos transmitir con, estoy segura, la mejor de nuestras intenciones?

Somos humanos —¡menos mal!— y es lógico que nuestros niños, que son parte de nosotros, se lleven buena parte de nuestro ser.

Pero, a veces, el niño se lleva demasiado de nosotros, se ve totalmente invadido por nuestras expectativas, nuestras frustraciones y proyecciones, y casi no le queda espacio interior para desarrollarse como persona autónoma. Muchas veces no le damos la oportunidad de ser «él», de tanto que deseamos que no caiga en los mismos errores en los que caímos nosotros o que pueda realizar aquello que no pudimos hacer o que haga justo lo mismo que hicimos nosotros y que tanto nos ayudó. En estos casos, estamos ahogando al niño, no le permitimos «ser».

Hemos visto los mensajes que los respectivos padres de la Banda del Moco están transmitiendo a sus hijos. Pero ¿por qué cada padre transmite a sus hijos precisamente «esos» mensajes? ¿Por qué nosotros estamos transmitiendo, sin quererlo quizá, los mensajes que hemos sacado en el ejercicio y no otros? ¿Qué hace que la madre de María le dé tanta importancia al rendimiento escolar y que los padres de Carlos incluso le premien por haber sacado la misma nota que María?

Esta vez van a hablar los propios padres. Resulta que en el colegio ha entrado una nueva orientadora. Es una persona muy concienzuda y responsable, que no quiere quedarse solo con lo que le transmite su antecesor respecto a los niños, y por ello ha decidido, clase por clase, ofrecerse para hablar con los padres que lo deseen. Los padres de María, Olaya, Carlos y Óscar han acudido a hablar con ella. Se quedan sorprendidos, ya que la orientadora, más que hablar sobre sus hijos, les pregunta sobre ellos mismos, sobre sus experiencias, sus propios padres, sus problemas...

He aquí algunos extractos de las entrevistas entre la orientadora y los padres.

Entrevista con la madre de María

ORIENTADORA: ¿Puedes explicarme brevemente cómo fue tu infancia, dónde y cómo creciste?

MADRE DE MARÍA: Verás, yo vengo de un pueblo muy pequeño. Mi padre era agricultor, pero como eso no daba para vivir, mi madre limpiaba en las casas de la ciudad, que estaba cerca. Yo soy la mayor de cinco hermanos, todos varones. Recuerdo que a mí me encantaba ir al colegio y se me daba francamente bien, pero mi madre estaba en contra. Decía que para estudiar ya estaban mis hermanos, que yo tenía que ponerme a trabajar lo antes posible, para ayudar a la familia a comer. En cuanto cumplí los catorce, me puso a fregar escaleras en la parroquia del pueblo. Yo quería seguir estudiando y me costó muchas lágrimas tener que irme del colegio (en esa época, terminábamos a los catorce años la enseñanza obligatoria). Los profesores quisieron hablar con mi madre y convencerla, pero no hubo manera. Desde entonces, tengo esa espina clavada de no haber podido estudiar. Además, si hubiera estudiado, ahora tendría una carrera y trabajaría en algo digno.

ORIENTADORA: ¿En qué trabajas ahora?

MADRE DE MARÍA: No trabajo. Mi exmarido sí que tiene estudios y tiene un empleo con el que gana bien. Yo soy ama de casa, pero no por voluntad propia, desde luego. Todos los días me acuerdo de que podría haber estudiado y haber sido alguien y me siento atrapada en mi casa, condenada a cuidar de la casa y de la familia. Ahora, lo que también es cierto es que mis hijas no van a pasar por lo mismo que yo, desde luego. Ellas sí que tendrán todas las oportunidades del mundo y de esto me siento orgullosa, porque las dos sacan unas notas buenísimas. ¡Son las primeras de la clase!

Entrevista con la madre de Olaya

ORIENTADORA: ¿Tienes alguna experiencia frustrante o en la que te sentiste decepcionada contigo misma en tu infancia?

MADRE DE OLAYA: A ver, deja que piense... La verdad es que no mucho..., bueno, sí, me acuerdo de una cosa. Yo siempre he sido muy asertiva, ¿sabes?, muy de que si algo no me cuadraba, pues no lo hacía y me quedaba tan ancha. Pero aunque era capaz de decidir qué quería y de ponerme en contra de la opinión de la mayoría, no me atrevía a defender a los demás. Siempre he sido muy sensible hacia todo lo que fueran burlas o poner en evidencia a la gente. Por suerte, conmigo nunca se han metido, pero yo sufría mucho cuando veía que lo hacían con los demás... Y sufría de impotencia, porque no me atrevía a defender a esa persona, por miedo, me imagino, a que me tocara a mí también. Fíjate, todavía me entra rabia cuando lo pienso. Me sentía, y me siento, cobarde. ¿Una anécdota?... Pues recuerdo una vez, tendríamos quince o dieciséis años, que a una compañera de clase le quitaron el diario que escribía. Esa chica estaba algo apartada, la gente solía reírse de ella, pero a mí me caía bien y muchas veces iba con ella. Pues recuerdo como si fuera ayer la escena en el patio: una chica, que era muy chulita, leyendo en voz alta el diario de mi amiga, y alrededor de ella un corro de gente riéndose y haciendo burla. Yo estaba al margen, sufriendo horrores por mi amiga, pero sin atreverme a dar el paso de quitarles el diario y defenderla. No sé, me entró el miedo, incluso la vergüenza de que pensaran que yo era como ella... Buf, eso me lo he reprochado tantas veces...

ORIENTADORA: ¿Y crees que de alguna forma estás transmitiendo eso a tu hija?

MADRE DE OLAYA: Pues nunca me había parado a pensarlo, pero

ahora que lo dices... la verdad es que sí, que estoy un poco obsesionada con el tema y siempre le estoy preguntando si ha defendido a los demás, si ha impedido que ocurran cosas malas Tienes razón, estoy proyectando más de lo que yo creía. Intento respetarla al máximo, pero sí es verdad que cuando me cuenta peleas o cosas que han ocurrido en su clase siempre le hago la pregunta: «Pero ¿hiciste algo para impedirlo?». Vaya... [*se ríe*], me has pillado.

Tras las sesiones con las madres de María y de Olaya, la orientadora apuntó las siguientes cosas sobre ellas:

MADRE DE MARÍA:
– Gran frustración, que intenta compensar en su hija. Confunde valía personal con rendimiento escolar, que seguramente estará transmitiendo a María.
Tema: rendimiento escolar.

MADRE DE OLAYA:
– Ligera frustración, que intenta compensar en su hija. Separa fácilmente su tema de la valía de su hija y es consciente de la proyección que está haciendo.
Tema: asertividad.

Hablemos de las frustraciones...

FRUSTRACIONES

Todos tenemos una serie de frustraciones a nuestras espaldas: uno quería haber sido un gran investigador y trabaja de profesor de ciencias; otra quería ser bailarina y ahora es cajera de un supermercado; otro, soltero, quería haberse casado y fundar una familia numerosa, y otra no quería casarse ni tener hijos y ahora es madre de cuatro hijos casada desde los veintiún años.

Todo esto es muy normal y pertenece a la vida de cualquier persona: no se puede vivir sin frustraciones, no se pueden subir peldaños en la vida sin haber tenido que prescindir necesariamente de una o muchas cosas que tanto nos ilusionaban... Ahora bien, ¿qué hacemos con nuestras frustraciones? ¿Las utilizamos para aprender más sobre nosotros y nuestras circunstancias y construimos algo nuevo a partir de ellas? ¿O las cargamos sobre nuestras espaldas y vamos arrastrando experiencias penosas, cada vez más amargados porque esto no salió, aquello no salió... y, total, nada nunca sale bien?

Las dos preguntas anteriores reflejan las dos posibles maneras de afrontar las frustraciones: utilizándolas de trampolín o cargándolas a la espalda. Podríamos hablar largo y tendido sobre este tema (de hecho, en el capítulo 5, en el punto 2 hacemos mención expresa del tema), pero ahora nos interesan nuestros niños. Nosotros podemos aprender a manejar mejor o peor las frustraciones personales, pero el problema surge cuando intentamos que nuestros hijos consigan lo que nosotros no hemos conseguido, o sean como a nosotros nos hubiera gustado ser. En este caso, queramos o no, modularemos la educación que les estamos dando hacia la consecución de aquello que no pudimos realizar. Lo disfrazaremos, a veces ante nosotros mismos, como «prevención para que no le ocurra lo mismo que a mí» (como la madre de María) o como querer que el hijo tenga más éxito, más dinero, más prestigio que yo..., pero ¿nos hemos planteado si eso es lo que querrá el niño o si sus aptitudes van en la línea que deseamos?

El gran peligro de proyectar frustraciones en los hijos está en ponerles metas y objetivos poco realistas que les van a hacer sentirse fracasados a su vez si no las consiguen, cosa bastante probable, ya que ni los tiempos ni las circunstancias son los mismos ni el niño es idéntico a nosotros.

Nos toca. Analicémonos e intentemos ser muy sinceros, ya que nadie quiere quedar en evidencia, ni siquiera ante sí mismo. Lo que nos puede servir como descargo es, de nuevo, la idea de que todas las personas adolecemos de lo mismo (si bien unos más, otros menos) y que siempre siempre puede cambiarse el rumbo que llevaba algo que no nos gusta.

 Responde con sinceridad a las siguientes preguntas:

1. En mi vida cotidiana, ¿qué tipo de cosas no consigo o me cuesta conseguir o hacer?

2. Si pienso en mi vida pasada, ¿qué cosas no he conseguido que me hubiera gustado conseguir? ¿Hay algo de mí mismo que todavía me dé rabia recordar? ¿Hay algo que no haya podido conseguir, aunque quería? ¿Algo que se me arrebató? ¿Un estudio, un aprendizaje, una actividad, la relación con una persona?

3. De las metas y objetivos que he reseñado en los puntos 1 y 2, ¿cuáles de ellos me gustaría que mis hijos o alumnos consiguieran?

4. Selecciona los objetivos más importantes del punto anterior y pon al lado de cada uno qué haces para inculcárselos a tus hijos o alumnos.

5. ¿Cómo reaccionan mis hijos/alumnos ante la inculcación de estos objetivos? ¿Hacen que me sienta satisfecho? ¿Intento que mis hijos sean o hagan lo que yo no pude ser o hacer? ¿Les dejo ser diferentes a mí y acepto esas diferencias? ¿Qué consecuencias pienso que está teniendo esto en su autoestima?

Entrevista con los padres de Carlos

ORIENTADORA: Entonces, respecto a lo que me estáis contando, ¿qué objetivos tenéis para con vuestro hijo? Porque me da la sensación de que ninguno de los dos queréis repetir ciertos patrones...

MADRE DE CARLOS: Mira, yo te reconozco que estoy hecha un mar de líos. Lo único que tengo claro es que no estoy dispuesta a que mi hijo pase por lo que he pasado yo. A mí me trataron muy mal, ¿sabes? Mi madre era una histérica que no sabía cómo resolver los problemas sola. Siempre tenía que apoyarse en alguien. Y apoyarse era tanto entrar en la habitación en donde estábamos estudiando para decirnos que se encontraba a morir y que la lleváramos a urgencias (y luego no tenía nada), como echarnos la culpa de todo lo que le pasaba y liarse a gritos con nosotros para desahogarse, me imagino. Cuando no tenía a nadie a mano para descargar los conflictos que tenía con mi padre, se desahogaba tirando platos al suelo, así como te lo digo. En mi casa siempre había un ambiente crispado y se nos responsabilizaba de todos los males. Yo no he tenido infancia. Nunca he podido creer en los Reyes, por ejemplo, porque desde muy pequeña tenía que ayudar a mi madre con los regalos, porque ella sola se veía incapaz. No la perdono. Creó discordia entre nosotros, los hermanos nunca nos hemos llevado bien, porque no nos han enseñado a solucionar problemas de manera civilizada. Por eso yo no quiero tener otro hijo. Lo siento mucho, pero con uno me basta. Ahora, eso sí, Carlos no va a tener nunca el ambiente de gritos y mal estilo que tuve yo.

Lo que pasa es que me siento muy insegura, porque nadie me ha enseñado a educar a un niño. A veces no puedo más que gritarle cuando hace algo mal, y luego le pido

perdón mil veces, le retiro los castigos... ya, ya sé que está
mal, pero es que tengo tanto miedo de que crezca con baja
autoestima... y me como el coco. Que si lo he tratado demasiado mal..., que si al final me va a salir con un trauma...
Luego, con mi marido no nos ponemos de acuerdo, porque
él sí le habla de una forma que me parece brusca para el
pobrecito, aunque luego también me arrepiento de haber
discutido delante del niño... No sé, estoy hecha un lío,
como ves.

ORIENTADORA [*dirigiéndose al padre de Carlos*]: ¿Y tú? ¿Crees
que es verdad que le hablas con demasiada brusquedad?

PADRE DE CARLOS: Bueno, no lo sé, no me parece... yo es que no
soy de muchas palabras y no sé cómo explicar... Bueno, que
yo lo que no quiero es que se convierta en un fracasado, y si
para evitar eso tengo que hablar bruscamente, pues no me
parece tan mal.

ORIENTADORA: Te voy a hacer dos preguntas en una: ¿qué es
para ti un fracasado? y ¿tú te sientes un fracasado?

PADRE DE CARLOS: Pues un fracasado es... pues alguien que no se
defiende, que todo el mundo pisa, que no tiene voluntad
para imponer su criterio, y... sí, yo me siento así. Toda mi
vida ha sido un fracaso, menos casarme y tener a Carlos. Por
eso no quiero que haga lo que hice yo, que nunca me he
atrevido a imponer mi criterio, ni ante mis padres (si no, qué
hacía yo estudiando Empresariales, cuando lo que me va es
Bellas Artes), ni ante mis amigos ni, en general, ante nadie.
Tengo un puesto de trabajo de vergüenza, muy inferior al
que me correspondería, pero porque me lo he buscado, por
cobarde. Y ya que, como he dicho, lo único bueno que me
ha pasado es casarme y tener a mi hijo, no quiero que le ocurra lo mismo, quiero que por lo menos haya un valiente en la
familia, alguien que se atreva a ser él.

Tras las entrevistas, la orientadora apuntó las siguientes cosas de los padres de Carlos:

PADRES DE CARLOS:

MADRE: Intenta compensar modelos anteriores, que rechaza. Al faltarle modelos válidos, ofrece un modelo algo confuso a su hijo, que compensa con grandes muestras de cariño.
Tema: límites.

PADRE: Por sensación de fracaso, tiene puestas en su hijo expectativas demasiado elevadas. Eso puede crearle conflictos, porque no parece darle pautas claras al respecto.
Tema: asertividad.

Hablemos de compensar modelos anteriores y de tener expectativas demasiado elevadas...

COMPENSACIÓN DE MODELOS ANTERIORES

La madre de Carlos tiene claro que en su infancia sufrió la educación mal orientada de su madre y no quiere que su hijo pase por la misma experiencia. Tiene razón. Así les ocurre a muchas personas: «Yo sufrí una educación muy represora, ahora no quiero que mis hijos pasen por lo mismo». «A mí me machacaron mucho con las notas y por eso no le doy ninguna importancia a lo que saque mi hijo». «A mí me obligaban a trabajar a la vez que estudiar y me prometí que mi hijo no pasaría nunca por eso». Todas estas propuestas están formuladas con toda la buena voluntad del mundo. El deseo de hacerlo lo mejor posible nos lleva a ser tan críticos con la educación que recibimos nosotros, que nos vamos al otro extremo, como en la ley del péndulo. Esto se da con mucha frecuencia cuando la sensación es de haber sido educados con excesiva rigidez y represión: con tal de ahorrarles a nuestros niños el sufrimiento que padecimos nosotros, nos vamos al otro extremo y no sabemos poner límites.

Esto puede llevar, como le ocurre a la madre de Carlos, a no saber cómo educarlo, pero tener un afán desmesurado de protegerlo, o a consentirlo demasiado y no saber ponerle límites. Ambas medidas, aunque bienintencionadas, irán a la larga en detrimento del propio niño. Parecerá que posee una buena autoestima, porque se sabrá querido y aceptado sin condiciones, pero carecerá de recursos para afrontar conflictos, frustraciones, fracasos..., lo cual puede, al final, revertir en su autoestima.

Es importante detectar ese mecanismo de compensación de modelos que rechazamos y tratar de relativizarlos.

Este ejercicio —y los que le siguen— se plantea de la misma forma que el anterior: pretende incitar a la autorreflexión y al análisis de las propias conductas, pensamientos, emociones.

1. ¿Qué actitudes, comportamientos o normas critico o no me gustan de la educación que recibí? ¿De dónde provenían: de mis padres, de la escuela, de otras instituciones o personas?

2. ¿Estoy intentando compensarlos en mis hijos? ¿De qué forma? ¿Qué es lo que no quiero que sufran o pasen?

3. ¿Estas actitudes o comportamientos compensatorios son sanos para mis hijos o percibo resultados contradictorios que me llevan a cuestionarme su eficacia? Si es así, ¿en qué se plasman estos resultados contradictorios?

EXPECTATIVAS ELEVADAS

«A este niño se le dan muy bien las matemáticas: será ingeniero, como yo». «¡Qué bien canta! Hará la carrera de piano, para convertirse en una virtuosa». «He apuntado a mi hijo a inglés, francés, clases de pintura y piano, para que llegue a ser una persona completa». Bien, lógico de nuevo, que todos queramos lo mejor para nuestros hijos. Pero ¿qué ocurre si, por ejemplo, el futuro ingeniero decide que quiere ponerse a trabajar lo antes posible en «lo que sea» y que le dejen de carreras? ¿O si la futura virtuosa odia el piano y boicotea las clases? ¿O si la persona completa solo quiere ver la tele y jugar con la PlayStation?

Si los niños no cumplen con las expectativas que tenemos puestas en ellos, solemos culparlos a ellos: «Tan inteligente que es y está malgastando su vida...». Pero ¿nos hemos planteado analizar las expectativas que les hemos impuesto? ¿Son realistas o nadie podría cumplirlas? ¿Corresponden a las aptitudes, intereses y gustos del niño?

Muchas veces las expectativas elevadas que tenemos puestas en el niño son la consecuencia de lo que describíamos en el punto 1: nuestras frustraciones o fracasos. Así le ocurre al padre de Carlos, que tiene una importante sensación de fracaso respecto a sí mismo y su vida y se promete que su hijo será justo lo contrario: valiente y arrojado. El problema que surge en la mayoría de estos casos es que el niño sabe lo que se espera de él, pero muchas veces no sabe cómo conseguirlo, simplemente porque nadie se lo ha explicado. Parece que por confiar en que nuestro hijo es muy inteligente o no repetirá nuestros errores este ya tiene que saber qué hacer. Y así, al niño, que, por supuesto, no tiene ni idea sobre cómo conseguir eso que sus padres quieren de él, le cae una losa encima muy difícil de quitar. Al ver que no cumple las expectativas que hay puestas en él, los adultos suelen inquietarse e intentan empujar al niño, «hacerle ver», convencerlo u obligarlo.

Y así, padres e hijos se ven inmersos en un círculo vicioso, donde cada uno alimenta con su conducta la frustración de la otra parte.

Capítulo aparte merece el tema de las expectativas abstractas y morales, cuando lo que esperamos de nuestro hijo o alumno es que sea perfecto, bueno, triunfador, etc. Estas son las expectativas que más daño hacen a la autoestima del niño. Las veremos con mayor profundidad en el capítulo 5.

Reflexiona y contesta a las siguientes preguntas:

1. ¿Cuál es el ideal de conducta y actitud que persigo? ¿Siento que lo cumplo? ¿He alcanzado mis propias metas o siento que he fracasado en ello?

2. ¿Qué expectativas tengo puestas en mis hijos/alumnos? ¿Qué o cómo quiero que sean mis hijos/alumnos? O, por el contrario, ¿cómo no quiero de ninguna forma que sean mis hijos/alumnos?

3. Estas expectativas, ¿son realistas? ¿Se corresponden con mi hijo/alumno o equivalen más a un deseo que tengo?

4. ¿Cómo reacciona mi hijo/alumno ante esas expectativas? ¿Siento que las va cumpliendo o me desespero porque no las consigue? ¿En qué medida puedo estar haciéndole daño con la rigidez de mis expectativas?

Entrevista con los padres de Óscar

PADRE DE ÓSCAR: Antes de que nos preguntes, te diré que yo estoy aquí porque mi mujer me ha «obligado», porque, vamos, no sé qué pinto yo en un sitio como este. También te diré que no creo en los psicólogos, y que eso que hacéis me parece una sublime tontería. Como ves, soy muy claro: las cosas claras y el chocolate espeso.

MADRE DE ÓSCAR: Pues yo sí quiero hablar contigo, porque yo no sé qué hacer con nuestro hijo. Siempre se está metiendo en líos, siempre está dando problemas, es malo, yo ya no sé qué hacer con él, no sirven ni las regañinas, ni los gritos, ni los castigos, estoy desesperada y... [*se echa a llorar*].

PADRE DE ÓSCAR: Si me hicieras caso y te dejaras de pamplinas. Mano dura es lo que yo digo, mano dura y ya verás como en dos días se endereza que va a parecer un pino.

ORIENTADORA: Veo que no estáis muy de acuerdo entre vosotros. Quizá cada uno tiene experiencias diferentes de cómo le educaron y por eso intenta...

PADRE DE ÓSCAR: Yo no sé cómo educaron a Puri, mi mujer, pero lo que es a mí, con buenos cachetes y buenos castigos, y así lograron que me hiciera un hombre de provecho. Yo también era así de inquieto, ¿sabes? Y bueno, alguna que otra gamberrada hacía, pero mi padre supo imponerse en todo momento y me hizo besar el suelo más de una vez, vaya si lo hizo. Claro, yo de chaval no lo entendía, pero ahora me doy cuenta de que esa es la única manera y se lo agradezco. ¿Qué? ¿Me vas a venir ahora con eso de que no se puede pegar a los niños y que todos tenemos que ser muy buenos? Pues así salen, que es una vergüenza los niños de hoy en día, todos mimados y delicaditos... «Ay, pobre, que le dañas la autoestima»... Tonterías.

ORIENTADORA: ¿Y a ti, Puri? ¿También te educaron de esta forma tan contundente?

MADRE DE ÓSCAR: Yo... No, no... Bueno, no sé, mi madre era muy religiosa y en casa todo era pecado. Todo lo que hacíamos era pecado, si jugaba con el vecino, que tenía mi edad, y te hablo de cuando tenía ocho años, pues luego me caían los gritos y el sermón sobre la pureza y la impureza. Pero también en otros temas, yo qué sé, cualquier cosa, si gritábamos, bronca; si nos peleábamos, bronca; si dejábamos algo desordenado, bronca... y la verdad es que éramos unos niños buenísimos, mis hermanos y yo, pobrecitos de nosotros, si no podíamos hacer nada... Por eso no entiendo a Óscar, no consigo hacerme con él, no entiendo su comportamiento... y me siento culpable, porque estaré haciendo algo mal, no sé, la verdad es que me siento fracasada, como madre y como persona, todo lo hago mal, todo me sale mal... [*llora*]. Por eso quería que viniera mi marido, a ver si por lo menos él se entera de qué hacer con este hijo mío, porque yo... creo que le estoy estropeando con mi forma de ser [*llora desconsoladamente*].

PADRE DE ÓSCAR: Venga, Puri, ya está bien, no molestes más a esta señorita, que tendrá mucho que hacer. ¿Ves como no se puede ir con blandenguerías con los hijos? Ahora pasa lo que pasa... Yo sé lo que hay que hacer, a ver si me haces caso de una vez.

Tras las sesiones con los padres, la orientadora apuntó las siguientes cosas de los padres de Óscar:

PADRES DE ÓSCAR:

*Ambos **reproducen modelos anteriores**, si bien la madre se siente culpable y ha asumido plenamente el maltrato al que ha sido sometido su hijo y el padre se refugia en la hipernormatividad para tratar a un hijo que les causa gran inseguridad.*
Tema: Autoestima. Sospecha de maltrato.

REPRODUCCIÓN DE MODELOS ANTERIORES

Una imagen vale más que mil palabras, y lo que vimos en nuestros padres, la forma cómo nos educaron, cómo actuaban ellos y cómo resolvían los problemas nos ha impactado mucho más que todas las palabras y sermones que nos hayan dado.

Cuando hemos tenido unos referentes que nos han impactado hondamente, ya hayan sido beneficiosos o perniciosos para nosotros, podemos tener dos tendencias: si sentimos que esos modelos no eran beneficiosos, intentaremos compensar el mal hecho, enseñándoles a nuestros hijos justo el contrario; pero si tenemos la sensación de que el modelo que nos ofrecían era válido, tenderemos a intentar reproducir esos modelos en nuestros alumnos e hijos. Querremos que sean igual que nosotros enseñándoles lo mismo que nos enseñaron a nosotros. Podemos tender, por ejemplo, a ser muy dialogantes y tolerantes, porque con nosotros también lo fueron y funcionó. Pero por lo mismo también podemos, como el padre de Óscar, querer implantar un modelo educativo rígido e implacable, porque es lo que recibimos y lo que funcionó con nosotros. O por lo menos, así nos lo han transmitido. Y no nos paramos a reflexionar si ese modelo funciona de la misma forma en el niño, porque si a nosotros nos sirvió, que somos sus padres...

El caso de la madre de Óscar es más complejo, ya que, como bien intuye la orientadora, se trata de una persona con autoestima baja, educada en la culpa y el autorreproche, que obedece ciegamente los modelos educativos recibidos (es probable que no la trataran demasiado bien) porque no conoce otro modo de sobrevivir. Si no le han enseñado recursos sanos para aumentar la autoestima y sentirse a gusto consigo misma, no podrá transmitirlos a su hijo. Lo que está transmitiendo sobre todo es precisamente una falta de criterios, un gran miedo a hacerlo mal y una no menos grande inseguridad respecto al niño y sus reacciones. Por lo tanto, se refugia en las normas rígidas, igual que su marido, que por lo menos, le señalan un camino para seguir.

Sin entrar en calificativos sobre cómo fuimos educados, vamos a pararnos a reflexionar en qué medida estamos proyectando las pautas que siguieron con nosotros en los niños que están a nuestro cargo.

 – ¿Qué tipo de educación recibí en mi infancia? Enumera por lo menos tres cosas positivas y tres negativas que sientes que recibiste de la educación de tus padres hacia ti.

– De las cosas que acabas de enumerar, ¿cuáles crees que estás aplicando igual con tus hijos/alumnos?

– Estas normas, ¿producen el mismo efecto que produjeron en ti? ¿Sientes que tu hijo/alumno las acoge bien o te desespera que no siga el camino que le estás marcando?

– ¿Son normas realistas, adaptadas al tiempo y circunstancias de tu hijo/alumno en particular o tienen más que ver contigo y tus circunstancias?

Lo que la orientadora ha remarcado en negrita son los cuatro pesos más comunes que podemos estar colgándoles a nuestros niños sin darnos cuenta de que estos no tienen por qué compensar nada de nuestro pasado.

PARA RECORDAR

Hay numerosas circunstancias que nos dificultan ver a nuestros hijos o alumnos. Son como un velo que ponemos entre el niño y nosotros, que hace que contemplemos al niño desde el filtro de nuestras experiencias, frustraciones, expectativas y modelos educativos recibidos. Al educar a nuestros niños, podemos estar intentando:

- **compensar nuestras frustraciones;**
- **compensar modelos educativos que rechazamos;**
- **cubrir nuestras expectativas;**
- **reproducir los modelos educativos que recibimos.**

Esto ocurre en todos los casos, porque somos humanos y eso es bueno. Pero hay que estar atentos para no cargar al niño con el peso de nuestras historias sin verlo a él, y respetarlo como persona independiente de nosotros. Los niños tienen que seguir nuestras normas, pero no nuestras frustraciones, expectativas o fracasos personales.

4

Un poco de teoría

María, Olaya, Carlos y Óscar están hablando sobre sus fechas de nacimiento.

—Yo soy un año mayor que vosotros —dice Óscar—. Me tenéis que hacer más caso.

—Bueno, pero naciste en el mismo mes que Carlos —le contesta María—, o sea que los dos sois Acuario, seguro que tenéis un carácter parecido.

Óscar y Carlos se miran y ambos, en broma, hacen gestos de asco.

—Pues yo creo que me parezco más a Olaya —dice finalmente Carlos—. Digo en el carácter, ¿eh?, ¡no en el aspecto!

—Será porque nos llevamos poco, él es dos semanas más pequeño que yo —dice Olaya—. Pero yo no me quiero parecer a nadie. ¡Yo soy yo!

—¡Qué raro! —comenta María—. Somos muy parecidos, ¿no? Por algo somos amigos, pero, luego, no nos parecemos en nada...

¡Qué razón tiene María! Respecto a la edad, fecha de nacimiento, incluso signo del zodiaco, puede haber parecidos entre los niños, pero ¡qué diferentes son cada uno de ellos! Aunque solo nos centremos en el tema de la asertividad, ya hemos comprobado que algunos van encaminados hacia una mayor autoestima, unos son asertivos, otros agresivos, otros sumisos... También hemos visto que no es de extrañar que María, por ejemplo, tenga una conducta más sumisa, ya que su madre también es así, o que Óscar se muestre agresivo, pues parece que su padre también era «algo gamberro», según sus propias palabras.

Pero estas últimas observaciones pueden ser una trampa. Con frecuencia, tendemos a explicar de esta manera muchos de los rasgos de carácter que apreciamos en los niños: «Es igual que su tío Jaime, ese modo de mojarse los labios cuando está muy concentrado en algo». «Ha salido a ti, eso está claro, tiene los mismos gustos, los mismos intereses».

Esa inclinación a buscar parecidos entre el niño y sus mayores también puede expresarse de forma muy negativa para el niño: «¡Vas a ser como tu padre!». «¡Igual de metomentodo que tu abuela!». «Los González siempre tenemos mala suerte, acostúmbrate, hijo mío». «Los Martínez siempre triunfamos».

Estas expresiones indican una manera de pensar muy determinista que es del todo errónea, pero que, por desgracia, está muy extendida. Así, si hemos salido a la familia de nuestra madre, tan vagos todos, parece que no podemos hacer nada más que resignarnos, qué se le va a hacer, tendremos que conformarnos con no haber salido a la familia de nuestro padre, emprendedora y arrojada...

¿Qué hay de cierto en estas afirmaciones? ¿Somos producto de nuestros genes, de nuestra educación, de una mezcla de ambas cosas?

Por supuesto que buena parte de nuestros rasgos se heredan: podemos haber heredado rasgos de carácter, como una mayor tendencia al conformismo o a la rebeldía, o a ser más activos o pasivos, y aun estas características no está claro hasta qué punto se heredan, pero luego depende de la educación que recibamos el que, con un mismo rasgo, unos se decanten en una dirección y otros en otra.

Lo importante es que al nacer todos nos encontramos en las mismas circunstancias. Somos como saquitos vacíos, ávidos de ser llenados. No tenemos criterio para discernir qué es lo mejor para nosotros, no podemos tampoco elegir y tenemos que depender de las personas a las que pertenecemos, ya que físicamente dependemos de ellas para sobrevivir. Por tanto, todo lo que nos digan o hagan lo asumiremos como cierto y no será hasta la adolescencia, cuando ya hayamos vivido lo suficiente, cuando nos cuestionaremos lo que durante catorce años ha sido el único mensaje que hemos aceptado como válido.

Como vimos en el capítulo 2, el niño nace indefenso y dependiente, pero tiene un gran instinto: el de supervivencia, el mismo que hace que los patitos, nada más nacer, sigan a lo primero que se mueve a su alrededor —normalmente la madre— o que los pequeños mamíferos busquen, en cuanto pueden desplazarse, el pecho de la madre. Para buscar cubrir esas necesidades básicas de supervivencia, todos los cachorros, incluidos los humanos, tienen formado un engranaje de percepciones y conductas programado a la perfección, encaminado a obtener alimento, descanso, cuidados, protección...

De hecho, nuestra biología lo tiene todo preparado para que crezcamos sanos física y emocionalmente. ¿Con qué objetivo? Criar a futuros adultos que tengan buena autoestima, se sientan en paz consigo mismos y no tengan «cuitas pendientes», que, en suma, se sientan en conexión consigo mismos y, desde allí, conecten con los demás, es decir, sean asertivos. Eso crea comunidad y protege y defiende al individuo. A la vez, fomenta la creatividad y la motivación para que el ser humano se desarrolle y avance.

El objetivo final de nuestra biología es perpetuar la especie a través de la conexión.

En primer lugar, conexión con nosotros mismos. Estar conectados con nosotros mismos significa estar regulados emocionalmente, ser capaces de proporcionarnos a nosotros mismos amor y aceptación incondicional, respeto, valoración, seguridad.

Igual de necesaria que la conexión con nosotros mismos es la conexión con los demás. Los humanos estamos genéticamente diseñados para regular nuestras emociones a través de las relaciones. Pero solo si estamos conectados con nosotros mismos podremos conectar de forma auténtica con los demás:

**Solo si nos respetamos, trataremos
a los demás con respeto.**

**Solo si nos comprendemos y aceptamos, podremos
establecer relaciones empáticas con los demás.**

**Solo si confiamos en nosotros mismos y velamos por
nosotros, podremos establecer relaciones
seguras con los demás.**

**Solo si somos asertivos con nosotros mismos,
podremos ser asertivos con los demás.**

Es, por tanto, de vital importancia que enseñemos a nuestros niños a quererse, respetarse, valorarse y autorregularse para que, en un futuro, no necesiten depender de nadie para sentirse plenos.

Y para conseguirlo debemos tener muy claro que en el niño el proceso es el inverso: hasta la adolescencia, es dependiente de nosotros. Tiene que serlo, tal y como lo son todos los mamíferos. Por eso no se puede hablar de que un niño «es» de tal o cual manera, porque está en desarrollo y depende de lo que le transmitamos. Por lo mismo, no podemos esperar ciertas iniciativas o conocimientos que no puede tener si no se los hemos mostrado, como vimos en el capítulo 2. Tampoco se puede hablar de que tenga la autoestima alta o baja, por la misma razón. Estas son fantásticas noticias: si nos parece que nuestro niño no se valora lo suficiente, se siente culpable con demasiada frecuencia, muestra una conducta muy sumisa..., sabemos que estamos en el momento de lograr cambiar estas conductas que, recordemos, hasta la adolescencia están «en pruebas».*

¿De qué medios nos dota la naturaleza para conseguir ser aquello para lo que estamos diseñados? ¿De qué se compone el «kit de supervivencia» que traemos bajo el brazo al nacer?

1. Un sistema de protección-reacción permanente.

Vimos en el capítulo 2, de la mano de la teoría polivagal, cómo funciona nuestro sistema nervioso autónomo (SNA) desde el minuto en el que nacemos, con el punto de mira puesto en la seguridad y la protección frente a peligros y amenazas.

Recordemos que el SNA es nuestro sistema principal de su-

---

* Esto no significa que a partir de la adolescencia esté todo perdido y ya no se pueda hacer nada más. El cerebro se mantiene plástico y flexible hasta el final de nuestra vida y en cualquier momento podemos modificar los esquemas y patrones que tenemos puestos por defecto desde la adolescencia.

pervivencia y, como tal, nunca se desactiva y está permanentemente rastreando los estímulos que nos llegan, tanto los internos como los externos; eso nos asegura la supervivencia y nos hace buscar en todo momento la seguridad. Y sabemos que nuestro SNA no solo actúa ante estímulos puntuales, sino que nos proporciona un estado basal.

La naturaleza tiene predispuesto que, gracias a la seguridad y la conexión que le proporcionan sus cuidadores, el niño vaya desarrollando como estado basal precisamente este: el de seguridad y conexión. Este sistema es el que permitirá que el adulto pueda regularse por sí mismo.

2. Un sistema de vinculación o apego al entorno inmediato.

El bebé está predispuesto genéticamente a regularse a través del vínculo. Es solo a través de este vínculo que el niño aprenderá a «ser él», a tener una identidad, a regular sus emociones, en suma, a desarrollarse como persona.

¿Qué entendemos por «vínculo»? Principalmente proximidad física y conexión emocional.

Se han hecho estudios que demuestran la capacidad de corregulación que se establece entre la madre y su hijo: tal y como regule sus emociones la madre, así las regulará el bebé.

¿Os dais cuenta de la importancia que tiene lo que transmitimos a nuestros niños? Ellos están siempre pendientes de nuestra conducta y con los cinco sentidos puestos para aprender a manejarse consigo mismos y con la vida.

El psicólogo británico John Bowlby estableció la teoría del apego,* basada en estas premisas, y demostró que el modo en

---

* Aquí solo podemos apuntar algunos rasgos de esta importantísima teoría. Para saber más, consultad la Bibliografía.

que nos vinculemos a nuestros cuidadores en la infancia determinará el modo en que nos vincularemos de adultos en las relaciones que establezcamos. Y aún más: en su famoso experimento de la «situación extraña», demostró que, en una gran mayoría de los casos, el tipo de vínculo que establecerá la persona se puede predecir ya en el primer año de vida del niño.

Si el bebé se siente seguro y vinculado emocionalmente a su madre (o a la persona que lo cuida), tendrá lo que se denomina un APEGO SEGURO.

Esto significa que el niño estará en una relación adecuada entre su deseo de explorar y su necesidad de seguridad. Todos los niños necesitan explorar, tener curiosidad, aprender cosas nuevas y, a la vez, necesitan sentirse seguros y protegidos. Cuando hay un apego seguro, habrá un equilibrio entre estos dos polos.

En estos dibujos se plasman los dos factores que hemos descrito. En primer lugar, el niño y el corderito están a una distan-

cia prudencial de su madre, explorando tranquilamente el entorno, porque se saben seguros y están tranquilos. Su SNA está en el estado de seguridad-conexión.

En el momento en el que reciben el golpe, su SNA entra al instante en el estado de lucha/huida, que en este caso es de huida hacia su madre, que es su fuente de seguridad.

Ambas madres conectan con sus hijos: sienten su angustia, empatizan con ellos y, al acogerlos físicamente y comunicarse con ellos, crean la conexión necesaria para que sus hijos se calmen. Esta transmisión de calma de madres a hijos es lo que se denomina «corregulación».

3. Unas necesidades que tendrán que ser cubiertas por los padres para que el niño aprenda a proporcionárselas a sí mismo de adulto.

Hasta ahora hemos hablado de las dos grandes necesidades que tenemos todos los mamíferos para nuestra supervivencia: seguridad y conexión. Pero ¿qué significan exactamente? ¿En qué necesidades concretas se descomponen?

Hay varios teóricos que han establecido listados de necesidades físicas y emocionales que tienen que verse cubiertas de manera satisfactoria para que la persona funcione de forma adecuada. Estas necesidades las tienen que cubrir los padres o cuidadores y así el niño aprenderá a cubrirlas por sí mismo. Como veis, estamos hablando todo el rato de lo mismo, pero estos listados de necesidades nos serán muy útiles para identificar qué me puede estar faltando o qué le puede estar faltando al niño y necesita ser cubierto.

De todos los listados, yo personalmente me quedo con la pirámide de Maslow, ideada por el psicólogo estadounidense Abraham Maslow.* Es la siguiente:

Pirámide: NECESIDAD DE LOGRO / NECESIDAD DE RECONOCIMIENTO / NECESIDAD DE AFILIACIÓN / NECESIDAD DE SEGURIDAD-PERTENENCIA / NECESIDADES FISIOLÓGICAS

* Félix López, de la Universidad de Salamanca, hace una división interesante de necesidades. Distingue entre necesidades fisiológicas, necesidades afectivas (necesidad de vínculo - necesidad de aceptación - necesidad de ser importante), necesidades cognitivas (necesidad de estimulación - necesidad de experimentación - necesidad de refuerzo), necesidades sociales (necesidad de comunicación - necesidad de consideración - necesidad de estructuración) y necesidades éticas.

Las necesidades están dispuestas de abajo arriba, en el orden de importancia que tienen para nuestra supervivencia y, también, el orden en el que van surgiendo en el desarrollo del niño.

La necesidad de conexión es la que aquí se denomina de afiliación: afecto y aceptación incondicional.

Las necesidades inferiores son compartidas por todos los mamíferos. Así, un cachorro de zorro necesitará la misma seguridad que un bebé de dos años, y una niña de cuatro años necesitará el mismo amor incondicional que un ternero. A medida que la escala de necesidades va subiendo en la pirámide, las necesidades de los humanos se van alejando de las del resto de los animales, hasta llegar a la necesidad de reconocimiento, que casi es humana del todo. Los cerditos no necesitan que sus padres estén orgullosos de ellos, los niños sí.

¿Qué significa que las necesidades estén cubiertas? Significa tener un estado basal que te haga sentir que, aunque en un momento dado tu necesidad no esté cubierta, mereces tenerla cubierta. Es saberme digna de ser querida, aunque acabe de dejarme mi pareja; digna de ser reconocida, aunque me haya quedado en el paro; segura de mí misma, aunque mi entorno sea contrario a mí.

 ¿Alguna vez te has planteado si se cubrieron tus necesidades básicas en tu infancia? ¿Sientes que las tienes cubiertas? Para ayudarte en esta reflexión, responde a estas cuestiones:

1. ¿Recuerdas episodios de tu infancia en los que tu padre o tu madre te protegía, estaba del mismo bando que tú, se ponía de tu parte a la hora de afrontar un tema conflictivo con alguien? Mira a ver si se te ocurren, por lo menos, dos situaciones de este tipo.

2. ¿Recuerdas episodios de tu infancia en los que te sentiste muy solo, abandonado a tu suerte, sin nadie que te apoyara? ¿Recuerdas experiencias de buscar apoyo y no encontrarlo o encontrarte con que se apoyaba siempre a otro? Mira a ver si se te ocurren, por lo menos, dos episodios de este tipo.

3. ¿Has sentido que tu necesidad de seguridad-pertenencia se iba cubriendo en tu infancia?

4. ¿Recuerdas episodios de tu infancia en los que sentiste que tus padres confiaban en ti, te creían y te daban responsabilidades? ¿Recuerdas haberte sentido querido, haber recibido frecuentes abrazos y besos, haber sido alabada en público por tus padres? ¿Sentías que tus padres estaban orgullosos de ti? Mira a ver si se te ocurren, por lo menos, dos episodios de este tipo.

5. ¿Recuerdas episodios de tu infancia en los que te sentiste no creído, mentiroso, sin derecho a decidir? ¿Recuerdas haber anhelado recibir abrazos, besos y cariño y llegar a la conclusión de que no los merecías? ¿Sentías que tus padres se avergonzaban de ti? Mira a ver si se te ocurren, por lo menos, dos episodios de este tipo.

6. ¿Has sentido que tu necesidad de afecto-reconocimiento se iba cubriendo en tu infancia?

Como conclusión diremos que, si todo sigue el curso esperado, el niño se desarrollará hacia un adulto que estará en conexión consigo mismo y regulado emocionalmente, lo cual le llevará a poder conectarse de forma empática y segura con los demás. Es decir, podrá ser una persona asertiva.

Por desgracia, esto no siempre es así. Los niños de la Banda del Moco son niños corrientes, como los que podemos encontrar en cualquier colegio. Si alguien los observara jugando en el patio, no se distinguirían del resto: son alegres, juegan con sus compañeros, en apariencia no les pasa nada. Sin embargo, nos aventuramos a predecir que solo Olaya se desarrollará en una adulta conectada consigo misma y sus emociones y capaz de conectar asertivamente con los demás. Eso, si nada cambia. Por suerte, son niños y tenemos todavía mucho tiempo para cambiar el rumbo de la educación que les estamos dando. Porque...

¿QUÉ OCURRE SI LA NATURALEZA NO SIGUE SU CURSO?

Hemos dicho antes que el niño buscará la vinculación con independencia de lo que le ofrezcan sus padres. Es muy importante tener en cuenta estas dos cosas:

> ✓ Los niños están programados genéticamente para vincularse a sus cuidadores. Tanto si reciben los estímulos adecuados para su desarrollo como si no, continuarán buscando el vínculo de la manera que sea.
>
> ✓ La vinculación y la pertenencia son más importantes que el propio bienestar, ya que se trata de supervivencia.

Esto hace al bebé humano terriblemente vulnerable, ya que

Si las personas encargadas de la seguridad del niño no le ofrecen seguridad, este buscará cualquier forma de obtenerla, aun a expensas de su bienestar.

Desde la primera infancia, el bebé adaptará su conducta y regulación emocional a la de sus cuidadores. Dicho de otro modo, intentará deducir las «normas» que hay en esa casa para lograr cubrir sus necesidades y se adaptará a ellas. Tanto si son sanas como si no. Recordemos que el niño nace sin criterio y solo conoce a «esa» familia con «esos» criterios, y si estos son disfuncionales...

¿Qué ocurrirá en el cerebro?

Cuando los responsables de la seguridad del niño no son seguros y el niño vive en estados crónicos de inseguridad, no podrá desarrollar de manera adecuada el estado de seguridad-conexión y estará permanentemente en un estado de alarma (lucha-huida). Su cerebro segregará más cortisol (la hormona del estrés) del que puede afrontar y eso le producirá ansiedad, hiperactividad, conductas agresivas o disruptivas.

Óscar es un buen ejemplo de ello: su conducta habitual denota que está hiperactivado, su cerebro se encuentra en un permanente estado de alarma que hace que salte a la mínima.

También María está hiperactivada, pero en otra dirección: su forma de adaptarse a las demandas de su entorno es intentando ser la hija perfecta que espera su madre. Por eso siente una ansiedad permanente por ver a su madre satisfecha con ella.

Si de niños hemos aprendido a mantener este estado basal de lucha-huida, cuando seamos adultos tenderemos a estar en una alerta permanente, sentiremos ansiedad, no nos podremos permitir descansar, ya que habremos aprendido que el vínculo no es seguro y, aunque lo estemos deseando, hará falta muchísimo tiempo y constancia en la respuesta del otro para que nuestro sistema nervioso se relaje y pueda conectar.

Cuando el estado de inseguridad es permanente o el niño recibe estímulos negativos que exceden a su capacidad de procesamiento (por inmadurez o por ser los estímulos demasiado intensos), se dice que tiene un TRAUMA. Para Pierre Janet, un trauma es «el resultado de la exposición a un acontecimiento inevitable que sobrepasa los mecanismos de afrontamiento de la persona».

Lo que comúnmente se entiende por trauma es lo que en psicología se denomina «trauma simple», que son situaciones puntuales como accidentes, catástrofes naturales, agresiones, violaciones, despidos laborales...

Pero existe otro tipo de trauma, quizá mucho más frecuente, que es el llamado «trauma complejo». Es el que se da, de forma muchas veces sutil, en el día a día y de manera continuada. Son situaciones de maltrato físico o psicológico, abandono emocional (negligencia), acoso, abuso. Este tipo de situación traumática es difícil de detectar y conlleva una dificultad añadida, ya que no se habla, el niño no puede contarla, todo queda en su mundo emocional y eso puede crearle graves consecuencias psicológicas.

Ante una situación traumática, el cerebro puede entrar en un estado de inmovilización y cuanto más sutil y constante sea la situación traumática, más veces necesitará el cerebro entrar en el estado de inmovilización. Este estado no puede convertirse en un estado basal, sobre todo en el niño, pero sí reaccionar de manera inmovilizada ante estímulos que le evocan aquellos por los que su sistema nervioso ha tenido que sacar esta respuesta. ¡Y muchas veces se les reprocha que se hayan quedado pasmados!

¿Qué ocurre con el apego?

Cuando el apego no es seguro, ya hemos dicho que el niño hará cualquier cosa con tal de permanecer vinculado a sus figuras de apego. Esa «cualquier cosa» puede ser dañina para el niño, porque pasará por encima de sí mismo. Como dice el psicólogo Rafa Guerrero, «estar bien es un lujo, pertenecer es sobrevivir».

El niño aprenderá a establecer un tipo de apego adaptado al entorno en el que vive: si nota que le atienden más (¡una esperanza de conexión!) si prescinde de sí mismo, no da guerra, da a los padres lo que quieren de él, desarrollará lo que se llama un «apego evitativo».

María parece que va en esa dirección. Quizá de mayor no conectará con sus emociones, se criticará y culpará con frecuencia, no podrá relajarse nunca, ni respecto a su rendimiento ni respecto a sus relaciones.

Si el niño nota que le atienden más cuando llama la atención, bien sea por portarse mal o por necesitar de la ayuda y protección constante de sus padres, desarrollará lo que se denomina «apego ansioso o ambivalente».

Es el caso de Carlos. Tal vez de mayor no será capaz de responsabilizarse de sí mismo ni de sus cosas, será una persona dependiente que necesitará del apoyo o ayuda de los demás para salir adelante.

Como vemos, en sus respectivas familias, estas estrategias de supervivencia encajarán a la perfección en las expectativas de sus padres, pero cuando dejen de estar en ese entorno, sus respuestas serán desadaptativas o «patológicas». Y aunque no lo sean, tendrán un gran sufrimiento interior.

¿Qué ocurre con las necesidades de seguridad, afecto, reconocimiento?

Los padres cuyas necesidades no han sido cubiertas vivirán las necesidades de los niños como problemáticas... y el niño se especializará en atender las necesidades de sus padres. ¿El problema? Que si no se nos han cubierto las necesidades en el debido momento, nadie, y menos aún nuestros hijos, logrará satisfacerlas. Pero les «exigiremos» que lo hagan. Y así nos encontramos a niños como María y, sobre todo, Óscar, que intentan desesperadamente atender las necesidades de sus padres o igualarse a ellos y solo reciben regañinas y mensajes de «no es suficiente».

Consideremos un factor importante: a la par que buscar con todas sus fuerzas cubrir sus necesidades básicas de seguridad, afiliación y reconocimiento, el niño tiene un gran miedo a que ocurra lo contrario e intentará a toda costa evitarlo. A veces, la única forma de evitar el rechazo o la humillación es intentando no sentirlo o «olvidarlo» (lo que se denomina «disociación»). Pero el cerebro emocional nunca olvida.

Veamos en este cuadro entre qué dos polos tiene que moverse el niño para ver cubiertas sus necesidades:

NECESITO...	TENGO MIEDO A...
Sentirme PERTENECIENTE	Ser ABANDONADO
Sentirme QUERIDO	Ser RECHAZADO
Sentirme VALORADO RESPETADO	Ser HUMILLADO
Sentirme ACEPTADO INCONDICIONALMENTE	No ser SUFICIENTE
Sentirme SEGURO Y CONFIADO	Ser TRAICIONADO

Este es un ejercicio de introspección dura, ya que te pediré que seas todo lo sincero que puedas ser contigo mismo. Hazlo por el bien de los niños.
Sitúate en la gradación que más creas que se ajusta a tu estado como adulto:

PERTENECIENTE	ABANDONADO/A
QUERIDO/A	RECHAZADO/A
VALORADO/A, RESPETADO/A	HUMILLADO/A
ACEPTADO/A INCONDICIONALMENTE	INSUFICIENTE
SEGURO/A Y CONFIADO/A	TRAICIONADO/A

El niño que crece en un ambiente disfuncional aprende a obtener un mínimo de seguridad y conexión (afecto, aceptación, reconocimiento...) adaptándose a su entorno, pero cuando salga a la vida adulta intentará seguir cubriéndolas de la forma que ha aprendido. Y ahí se encontrará con dos problemas:

– Los entornos en los que se moverá no tendrán las mismas «normas» que su familia.
– Como no habrá aprendido a cubrir por sí mismo estas necesidades emocionales, será un eterno niño dependiente, buscando que los demás le hagan sentirse querido, aceptado, reconocido, válido.

Y aquí tenemos las conductas sumisas en personas que intentan encontrar la aprobación y el beneplácito de los demás, aun a costa de sí mismos; y las conductas agresivas en personas que intentan encontrar el reconocimiento y la seguridad en los demás, aun a costa de sí mismos.

El adulto se pasará la vida buscando cubrir las necesidades que no han sido cubiertas en su infancia y las buscará de forma infantil, como si tuviera la edad en la que le hubiera correspondido aprender a cubrirlas.

¿Y POR QUÉ LA NATURALEZA NO PUEDE SEGUIR SU CURSO?

El niño lo que hace es la mejor solución que ha encontrado. Si esta es la solución, vamos a ver el problema.

CYNTHIA SANTACRUZ

¿Qué puede suceder para que un niño se desarrolle con un estado basal de alerta, se adapte a su entorno con una forma de apego insegura o no vea cubiertas sus necesidades de seguridad-afecto-reconocimiento?

Muchas personas piensan que es algo que ocurre en contadas ocasiones a pocas personas. Pero que un niño se encuentre en una situación de trauma complejo es más común de lo que parece. Como dice el gran Manuel Hernández: pesa igual una piedra en la mochila que ir echando tierra en ella hasta que esté llena.

¿Cómo podemos estar influyendo en que nuestros niños no se comporten de forma asertiva, no desarrollen una sana autoestima?

Partiendo de las necesidades de seguridad y de conexión (divididas en afecto-aceptación y reconocimiento), vamos a enumerar las conductas paternas y maternas que, lejos de cubrirlas, las están dinamitando. ¿Te reconoces emitiendo alguna de ellas?

Respecto a la necesidad de seguridad-pertenencia

Óscar está recibiendo una verdadera dinamitación de su necesidad de seguridad y pertenencia. Con palabras, gestos no verbales, escándalo exagerado al más mínimo error y castigos también excesivos, se le está transmitiendo: «Tú no nos perteneces, no eras lo que esperábamos o lo que deberías ser; nosotros somos perfectos y tenemos la verdad en nuestra mano y tú estás fallando constantemente a nuestras expectativas». Óscar no puede sentirse seguro respecto a sus padres, sabe que si hay que criticarle en público, ellos serán los primeros en hacerlo, si hay que tomar partido, ellos siempre lo tomarán por la otra persona y nunca por él.

He aquí otros ejemplos de cómo negar o no atender esta necesidad de seguridad-pertenencia:

- No atender las demandas del niño en cuanto a cuidados básicos: en el bebé, no acudir o no hacer caso cuando llora, tardar en cambiarle, en darle de comer...; en el niño más mayor, hacerle ser demasiado independiente antes de tiempo, no atender sus demandas de protección y seguridad ante miedos, por ejemplo.
- Mentir, engañar, no ser sinceros con el niño.
- Hablar mal de él o criticarle con frecuencia en público.
- Cuando alguien critica al hijo o ha habido algún conflicto con otros, darle, siempre y por defecto, la razón al otro.
- No mostrar interés en escuchar al niño, ni lo que nos cuenta ni las explicaciones que nos da cuando hay algún conflicto.
- No dar nunca el brazo a torcer ante el hijo, no pedirle perdón, aunque sepamos que nos hemos equivocado.
- Estar más pendientes de no mostrar debilidades y de dar una imagen de invulnerables que de comprender al niño.

- Cualquier conducta que haga sentir al niño que «no somos del mismo bando» y que sus miedos y necesidades de protección y seguridad tiene que atenderlas él solo.
- Conductas de sobreprotección, estar demasiado «detrás» del niño, justificar todo lo que hace y atribuir las culpas siempre a los demás, cuidar constantemente de que no se haga daño, no cometa errores, no le hagan daño.

Todo ello puede hacer creer al niño que somos de mundos distintos, no estamos en el mismo barco, sino que cada uno está en su burbuja y nosotros, siempre en la perfecta, inalterable e inalcanzable.

Respecto a la necesidad de conexión (afecto/aceptación-reconocimiento)

- Confundir al niño respecto a lo que es y lo que hace, despreciando, rechazando o censurándole a él, en vez de a su conducta.
- No escuchar ni atender los sentimientos, explicaciones, problemas que nos plantee el niño, pensando que nosotros somos los que tenemos que determinar qué es un problema y qué vale la pena atender.
- Regañar o castigar sin más las conductas erróneas, sin enseñarle cómo hacerlo mejor en una siguiente ocasión.
- Darle la sensación de que siempre molesta, nos cansa, nos sobra su presencia...
- Mostrarle un tipo de cariño condicionado, del estilo: «Solo te querré si cumples mis expectativas».
- Poner más peso en las conductas negativas que en las positivas, dando por hecho que las positivas «son su obligación» y castigando duramente las negativas.

- Compararle de forma descalificadora con otros niños, con nosotros cuando éramos pequeños, con sus hermanos...
- Cuestionar o amenazar el vínculo afectivo que existe con el hijo: utilizar el chantaje emocional, amenazar con «no quererle o quererle menos», etc.
- No atender sus demandas de cariño y atención o atenderlas de forma irregular, de modo que el niño no puede sacar una pauta de conducta respecto a nosotros y necesita «llamar la atención» de maneras cada vez más llamativas.

Igual que ocurre con la necesidad de seguridad-pertenencia, con la de aceptación-reconocimiento pueden cometerse errores de exceso, es decir, de hipervalorar al niño, hacerle creer que es el mejor, etc. Sobre todo en dos casos se le hace a la larga más daño que beneficio:

- Cuando se hace agravio comparativo a favor de nuestro niño y en contra de los demás: «Los demás siempre lo hacen peor», lo que el niño entiende como «los demás *son* peores que yo, yo *soy* mejor».
- Cuando no se le ponen límites y se le perdonan todas las conductas disruptivas. Con ello, no se le está enseñando a tolerar la frustración ni a desarrollar recursos internos para permanecer estable cuando las cosas salen mal.

Por último, vamos a describir otro tipo de errores que no entran en los apartados anteriores pero que también son comunes y habría que procurar NO cometer con frecuencia si se quiere educar a un niño en una autoestima sana.

Es un error:

- **No permitir que el niño siga su ritmo de desarrollo.** Hay niños más lentos, niños más rápidos. Hay situaciones que traumatizan al niño y de las que necesita recuperarse: el nacimiento de un hermano, una mudanza, la separación de los padres, la partida de un amigo, una muerte... Hay momentos en los que necesita parar y reciclar lo vivido. Por el contrario, hay situaciones que nos estimulan a aprender más rápido, a todos nos ocurre, niños y mayores. Sobre todo en ellos, estos cambios en el ritmo de aprendizaje se detectan más, porque vemos de manera palpable qué y en qué medida están aprendiendo. Sin embargo, muchas veces les negamos este ritmo: exigimos una regularidad y constancia en su desarrollo y les reprochamos o nos preocupamos en exceso cuando vemos que «se ha quedado atrás», «no es como debería ser a su edad», «es inmaduro»... Esta falta de respeto a su persona y su ritmo puede situarnos, a los ojos del niño, muy lejos y aislados de él, y todo lo que hemos descrito que esto conlleva... cuando, a veces, todo es cuestión de esperar un tiempo y permitir que el niño vuelva a coger el ritmo.

- **Centrarse exclusivamente en una parte del desarrollo del niño —la fisiológica y la cognitiva— y olvidarse de atender la parte afectiva.** La escuela, por desgracia, pone excesivo énfasis en el desarrollo cognitivo y conductual, cosa que no es más que un mero exponente de los valores que priman en la sociedad actual. Sin embargo, como seguimos siendo seres humanos, y en eso no hemos cambiado desde la época del *Homo sapiens*, las emociones, los sentimientos, los afectos... siguen estando ahí, marcando nuestra vida y nuestras decisiones. Estas emociones necesitan ser también atendidas y requieren de un aprendizaje igual o más complejo que el cognitivo para poder vivirlas y expresarlas de forma satisfactoria. Si la escuela no lo atiende como es debido, dependerá en exclusiva de los padres cómo se desarrolle el niño emocionalmente y cómo aprenda a canalizar sus sentimientos.

• **Confundir educación con autoestima.** Repetimos: una cosa es querer incondicionalmente al niño y hacerle sentir digno de ser valorado y respetado, y otra muy distinta, consentirle todo y no ponerle límites. Lo uno no tiene nada que ver con lo otro. No por mimar mucho al niño y no regañarle nunca lograremos que este se sienta más seguro y satisfecho consigo mismo. Lo uno es un tema de educar en límites, lo otro es desarrollar la autoestima. Cuando hablamos de atender al niño, nos referimos a escucharle, interesarnos por sus demandas, comprender qué le ocurre...; otra cosa es que después le concedamos las cosas o no.

• **Someter al niño a maltrato físico o psicológico.** Aunque hemos citado este tema en varias ocasiones, queremos recalcar aquí sus características, para que quede bien claro qué significa maltratar a un niño. En general, podría decirse que el maltrato es la negación y ruptura de la satisfacción de las necesidades de seguridad-pertenencia y afecto-reconocimiento. Más concretamente, la ONG Save the Children, en su informe «Amor, poder y violencia», define veintiuna formas de maltrato que se dan en todas las culturas y estratos sociales:

  o Bofetadas
  o Azotes
  o Golpes

- o Sacudidas
- o Patadas
- o Insultos
- o Gritos y amenazas
- o Tirón de pelo y orejas
- o Pellizcos
- o Pegar con regla, cinturón...
- o Comparaciones descalificadoras
- o Amarrar, atar
- o Humillar en público
- o Ridiculizar
- o Motes
- o Indiferencia
- o Culpabilizar
- o Discriminar por sexo
- o Silencios
- o Encerrar a oscuras, solo en casa
- o Poner de cara a la pared
- o No dar de comer

Teniendo muy en cuenta que este ejercicio no pretende culpabilizar ni demonizar a nadie y que, evidentemente, no es lo mismo un grito cuando estamos desesperados que una paliza con el cinturón, reflexiona sobre las siguientes preguntas con sinceridad:

1. ¿Cuál de las veintiuna conductas descritas utilizas o has utilizado con tu hijo?

2. ¿Es cada una de ellas una respuesta habitual cuando tu hijo se porta mal? ¿Con qué frecuencia emites estas respuestas?: siempre, a veces, casi nunca.

3. ¿En qué situaciones sueles emitir estas respuestas?

4. ¿Qué efecto tienen o han tenido estas respuestas en la conducta de tu hijo a corto plazo, inmediatamente después de emitirlas?

5. ¿Qué efecto tienen o han tenido estas respuestas a largo plazo? ¿Vuelven a repetirse las mismas «malas» conductas en tu hijo?

6. ¿Qué efecto crees que pueden hacerle a tu hijo estas respuestas emocionalmente? Intenta ponerte en su piel, recordando en todo momento que lo que quiere el niño es ser querido y aceptado por ti. A partir de ello, intenta empatizar con él.

PARA RECORDAR

La naturaleza prepara al cerebro para que su estado base sea el de seguridad-conexión y, desde esa base, pueda pasar a activar de modo puntual la lucha/huida, incluso la inmovilización y vuelva al estado inicial de seguridad/conexión. Solo en ocasiones de mucha alarma se activa en un nivel alto el sistema de lucha/huida o el de inmovilización, y en situaciones traumáticas, no se ve capaz de retornar al estado de seguridad-conexión.

En los animales, esto se produce de forma automática, siguiendo unas reglas fijas, con el fin de que el animal, de adulto, sea capaz de autorregularse, partiendo del estado basal de seguridad-conexión. Frente a esto, los humanos se distinguen por dos cosas:

1. Necesitan de la educación de sus padres para llegar a tener ese estado base de seguridad-conexión.

2. Para establecerse en este estado, el niño precisa ver cubiertas tres necesidades: seguridad-afiliación-reconocimiento, y si no se cubren, el adulto no estará en conexión, sino que estará en lucha/huida permanente, buscando cubrir esa necesidad y/o protegiéndose constantemente. Si las necesidades han sido cubiertas de manera apropiada en la infancia, la persona adulta podrá:

a) Conectar consigo misma y desarrollar respeto-confianza-velar por sí misma.

b) Desde ahí, conectar con su entorno y desarrollar respeto-límites-comunicación ASERTIVA.

Si las necesidades no se han cubierto, la persona intentará adaptarse a costa de lo que sea a las demandas de su entorno familiar e intentará continuar con esta pauta de conducta cuando salga a la vida adulta. El problema es que sus esfuerzos ya no estarán adaptados y le causarán problemas.

SEGUNDA PARTE

Educar para la autoestima y la asertividad

5

Educar...

Llegados a este punto, muchos de vosotros estaréis pensando: pero bueno, entonces ¿es malo regañar a los niños porque eso les daña la autoestima?, ¿hay que tratarles siempre con amabilidad, no levantar nunca la voz, no castigarles? Si eso es así, ¿tenemos que consentirles todo y convertirlos en unos maleducados para estar seguros de que tienen la autoestima alta?

Nada de eso. Si tenemos esa actitud, estaremos en la misma tesitura que la madre de Carlos, que tras cada regañina le pide perdón. Hemos visto que ese método no parece dañar la autoestima, pero crea inseguridad al niño y, desde luego, no le prepara para enfrentarse a las muchas dificultades que le irán surgiendo en la vida.

Confundir la autoestima con la mala educación o la no educación es un error muy común que va en aumento en los últimos años. Vemos a niños corriendo entre las mesas o jugando a lanzarse comida en los restaurantes, sin que nadie diga nada. O rodando por el suelo en un centro comercial, entorpeciendo el paso de los adultos, y el progenitor correspondiente parece que no «ve» nada. Podríamos poner muchos ejemplos de mala educación que se ven en el día a día y en todos ellos se da la casualidad de que los padres y madres miran hacia otro lado en el mismo momento en el que sus pequeños cometen alguna diablura. Algunas veces se trata de simple comodidad —«Ya le educarán en el colegio». «Ya se le pasará con la edad»—; otras es un concepto educativo mal entendido —«Si no le hago caso, se le pasará por sí solo»—, y otras veces, como hemos dicho antes, se confunden términos: parece que, si se regaña al niño, se le daña la autoestima. Sea cual sea la razón que tenga cada progenitor en particular para consentir a sus hijos cosas que a ellos jamás les hubieran consentido, les están haciendo un flaco favor. Estos niños crecerán, llegarán a la adolescencia y, por supuesto, ya no se tirarán por el suelo entorpeciendo el paso, pero estarán acostumbrados a no respetar a las demás personas, sobre todo si son adultas, a tener poca fuerza de voluntad y a no saber cómo luchar por algo. Sobre todo, serán personas profundamente inseguras e infelices. ¿Por qué? Porque les faltará tener claros los **límites**.

Al niño no es que le venga bien, es que necesita tener unos límites y unas normas claras, saber qué cosas puede hacer y qué cosas no debe hacer; necesita aprender a respetar a los demás y reconocer que sus límites llegan hasta donde empiezan los del otro. En concreto, necesita conocer y aplicar límites que le ayuden a desarrollarse en tres ámbitos: el puramente físico, para aprender a protegerse y cuidar su cuerpo, tener unos hábitos de higiene, nutrición, salud; el afectivo, para tener autonomía y seguridad, ser independiente y tolerar la separación, y el social, que permite respetar al otro, poder convivir, resolver conflictos...

Para ello, el niño necesita saber cuáles son las normas que rigen en su familia y en la sociedad en la que se mueve, y es muy importante que estas sean transmitidas con claridad y rotundidad. El niño necesita ser guiado con amabilidad, pero también que lo castiguen y que no lo refuercen cuando no cumple esas normas básicas de respeto hacia sí mismo o hacia los demás. Y todo ello no tiene nada que ver con la autoestima.

Una cosa es educar con unas normas y unos límites claros, y otra muy distinta hacerlo de forma que se dañe su autoestima. Podemos y debemos imponer reglas y exigir que sean obedecidas, pero siempre desde el respeto y el cariño incondicional. Un ejemplo: una niña se deja olvidada su chaqueta en el colegio. No es la primera vez que ocurre: suele perder sus cosas con facilidad. Podemos decirle: «Ya está bien. Van demasiadas veces que pierdes las cosas. A partir de ahora, todo lo que pierdas lo tendrás que pagar con tu dinero», que es una norma severa, pero que no daña su autoestima; o podemos decirle: «Ya estoy harta de ti, siempre igual. Eres un desastre de persona, así te va a ir en la vida, vas a ser un fracaso como tu padre. Toma una chaqueta nueva», y tirársela a la cara. En esta última formulación, la niña no percibe aparentemente ningún castigo, pero se sentirá como si la hubieran castigado con lo más terrible que hay: dañando su autoestima.

Estamos hablando de refuerzos, de castigos, pero ¿qué significan exactamente estos términos? Y, en realidad, ¿son tan importantes para educar a un niño? Vamos a analizarlos y comprender que no estamos hablando de una entelequia, sino que todos, niños, adultos y jóvenes, nos movemos entre lo que nos refuerza y buscamos conseguir y lo que nos castiga y evitamos. Haremos un resumen de la teoría del aprendizaje, sobre la que se han escrito muchos libros, y remito a las personas interesadas a la lectura de alguno de ellos, ya que es un tema útil y complejo. Pero este libro está dedicado a la educación para la autoestima y la asertividad, por lo que describiremos con cierta brevedad los conceptos generales de la teoría del aprendizaje, para volver a continuación al tema que nos ocupa.

Es importante saber que los niños aprenden, se forman, se desarrollan gracias a los factores internos que hemos visto en el capítulo anterior y gracias, a su vez, a dos factores externos a ellos:

1. Las consecuencias de sus conductas.
2. Los modelos de conducta que se les ofrecen y que tenderán a imitar.

Expliquémoslos brevemente.

Aprendizaje por consecuencias: refuerzos, castigos, extinción

El niño aprende a modular su conducta por las consecuencias que recibe al emitir dicha conducta. Si un niño pequeño nos quiere ayudar a ordenar la mesa y le decimos: «Qué bien lo estás haciendo, se nota que ya eres mayor», se sentirá bien y tenderá a repetir este comportamiento. Si le decimos: «¡No toques mis cosas, que luego me las desordenas! ¡Fuera de aquí!», se sentirá mal y tenderá a no repetir esta conducta.

Toda conducta tiene unas consecuencias en el entorno. Estas se clasifican en dos tipos: los refuerzos y los castigos.

Por definición, **refuerzo** es toda aquella consecuencia de una conducta que hace que esta tienda a querer repetirse. Los refuerzos siempre son agradables: si, tras emitir una conducta, recibimos algo gratificante para nosotros, tenderemos a repetirla para ver si volvemos a recibir esa sensación agradable.

Todos los estímulos externos que nos hagan sentir bien se llaman «refuerzo»: desde una sonrisa hasta un aumento de sueldo, desde la contemplación de un bonito amanecer hasta un regalo de alguien apreciado, una relación sexual satisfactoria, un premio material o una muestra de cariño de un amigo.

Desde muy pequeños nos movemos buscando lo reforzante, modulando nuestra conducta para obtener aquello que nos hace sentir bien. Y no tiene por qué ser algo material; es más, está demostrado que el refuerzo primario más importante, lo que buscamos en el fondo de todas nuestras conductas, es el llamado «refuerzo social»: sonrisas, miradas de complicidad, alabanzas, todo tipo de muestras de cariño y aceptación social que nos aseguren el vínculo con nuestros iguales.

El niño aprende con rapidez que hay gestos, sonidos, miradas, personas... que le hacen sentir bien y que, por tanto, tenderá a buscarlos; y que hay gestos, sonidos, miradas, personas, que le hacen sentir mal y que, por tanto, tenderá a rehuir o evitar.

Esto conecta directamente con la satisfacción de las necesidades básicas, la de seguridad-pertenencia y la de afecto-reconocimiento. Porque gran parte de los esfuerzos que hace el niño en su relación con el mundo tienen como objetivo obtener refuerzos que satisfagan sus necesidades básicas. En un estudio sobre las cosas que más satisfacían a los niños de edades comprendidas entre los cinco y los diez años, estaban los regalos, sí, los juguetes, las visitas al parque de atracciones o al zoo, pero por encima de todas ellas estaba el pasar un rato largo con los padres, jugar con ellos, ver juntos algún espectáculo o película, salir con ellos, en suma, sentirse seguros y pertenecientes a los progenitores y sentirse queridos y atendidos por ellos. Debemos tener muy en cuenta este dato a la hora de educar a nuestros niños: lo que buscan imperiosamente, el mayor refuerzo que les podemos dispensar es hacerles sentir importantes para nosotros, atendidos, queridos...

Recuerda...

– ¿Qué conductas te reforzaban de pequeño?

– ¿Quiénes eran las personas con las que te sentías más reforzado?

– ¿Cómo te sentías respecto a esa(s) persona(s)?

– ¿Con qué te sentías más reforzado?

En la teoría del aprendizaje se entiende que el **castigo** es toda aquella consecuencia a una conducta que es negativa para la persona y, por tanto, tiende a ser rehuida en el futuro. Los castigos son estímulos aversivos para la persona, ya sean físicos —creo que no hace falta enumerarlos— o sociales-afectivos, como una mirada de desprecio, un desplante, un rechazo manifiesto. Un castigo es quedarse sin postre, recibir un plantón o negar la palabra a alguien.

En cualquier caso, en teoría, tras recibir un castigo, se nos deberían pasar las ganas de repetir la conducta que lo ha provocado. Sin embargo, eso no es del todo cierto.

Está demostrado que una conducta se aprende mejor si recibe un refuerzo (ver que esa conducta gusta) o una recompensa, que si recibe un castigo, sobre todo si este es desmesurado.

Si castigamos a un niño sin más, sin darle explicaciones y, sobre todo, sin ofrecerle una conducta alternativa que pueda ser reforzada, tenderá a repetir la conducta que provoca el castigo —es la única que conoce—, pero procurará ocultarla para que no nos demos cuenta.

El castigo que, por desgracia, suele tener más efecto es el que produce daño psicológico en la persona: todo tipo de rechazos, negaciones de cariño, desprecios, retiradas de afecto, dar la sensación de haber defraudado... suelen producir en la persona un verdadero sufrimiento si esta está vinculada a nosotros y más todavía si depende de nosotros. Sin embargo, el «efecto» que se obtiene con ese tipo de castigos va en la línea de bloquear o dinamitar el desarrollo de la autoestima y crear reacciones excesivamente sumisas o agresivas. Nunca se sacará un verdadero aprendizaje de un castigo psicológico destructivo. Cada vez se da más importancia al maltrato psicológico, porque se está demostrando que este puede ser, cuando menos, igual de dañino que el maltrato físico, si no más, y con secuelas más profundas y duraderas.

De todas formas, repito que no estamos proponiendo un tipo de educación meliflua, basada solo en alabar constantemente al niño y dar por válido todo lo que hace. Es necesario, de vez en cuando, levantar la voz, retirar refuerzos y, por qué no, castigar. El ¡no! rotundo que le decimos a un niño pequeño cuando se acerca al horno encendido supone un castigo para él, pero es necesario decirlo para que aprenda a valorar el peligro.

El mejor castigo es el llamado «castigo por consecuencias», esto es, hacer ver al niño las consecuencias negativas que ha acarreado su conducta y sugerirle alguna acción reparadora que esté al alcance de sus posibilidades: si ha roto algo, que intente repararlo o pagarlo; si ha molestado a alguien, que pida perdón; si ha ensuciado algo, que lo limpie. Para ello, no es necesario maltratarle ni dañar su autoestima con frases que le hagan daño. Basta con hacerle ver las consecuencias de su conducta errónea y mantenerse firme en que debe repararlas.

Recuerda...

– ¿Qué conductas te castigaban de pequeño?

– ¿Quiénes eran las personas que más te castigaban?

– ¿Cómo te sentías respecto a esta(s) persona(s)?

– ¿Con qué se te castigaba?

Hay una tercera posibilidad, aparte del refuerzo y el castigo, que puede seguir a una conducta: la ausencia de estos o **extinción**. Intentamos llamar la atención de alguien y lo que conseguimos es... nada. Ni se ha fijado. Estamos enamorados de una persona y queremos acercarnos a ella, pero nos damos cuenta de que... no se ha percatado de nuestros esfuerzos o no hace caso. En ocasiones esta ausencia de consecuencias puede ser vivida como un castigo, pero la mayoría de las veces tenderemos a no querer repetir la conducta, sin más. Si no recibe ni refuerzo ni castigo, no vale la pena exhibir esa conducta, se «extingue», utilizando el lenguaje de la teoría del aprendizaje.

Esa extinción es lo que persiguen muchos progenitores, docentes o personal sanitario cuando aconsejan y actúan «no haciendo caso» al niño. «No le hagas caso, haz como que no lo ves y verás como se le pasa», dicen muchas personas, con buena intención, a padres desesperados con la conducta violenta de sus hijos. ¿Y qué ocurre? La mayoría de las veces, el niño no cesará en su conducta díscola o lo hará habiéndose llevado por delante toda la energía y paciencia de sus sufridos progenitores. Y ya tenemos otro ejemplo de las explicaciones comunes que suelen darse cuando suceden estas cosas: «Este niño es incontrolable». «Lo hemos probado todo». «Tiene un carácter...».

Extinguir una conducta no haciendo caso, es decir, no reforzándola, sirve, sí, siempre y cuando reforcemos otra conducta alternativa.

Si no, si nos quedamos en el simple no atender la conducta que nos molesta, el niño no sabrá que hay otras posibilidades para llamar la atención y lograr que le hagan caso. Y como su deseo de llamar la atención es más fuerte que todo, seguirá con su conducta díscola, incluso la aumentará, a ver si así consigue que le atendamos. Reforzando otras conductas alternativas, más adaptativas, le estaremos informando de por dónde tiene que seguir para llamar nuestra atención de manera favorable y obtener esa sensación de «ser alguien» que seguramente esté buscando con su conducta.

Los refuerzos y los castigos son los dos pilares principales en los que se sustenta la conducta humana. Pero, por suerte o por desgracia, basar todo en dispensar los refuerzos adecuados y los castigos oportunos puede servir en teoría, pero en la práctica se queda corto. Somos mucho más complicados y tenemos muchas más pretensiones que una rata de laboratorio, con las que hemos aprendido a dispensar refuerzos y castigos casi todos los estudiantes de psicología. Podríamos disertar sobre si esa complejidad es deseable o si no seríamos más felices si fuéramos más simples, pero esto es lo que hay, somos así y no le podemos dar más vueltas.

El factor que hace que no nos contentemos con buscar refuerzos y eludir castigos, lo que complica las cosas, es que no nos conformamos con cualquier refuerzo: depende mucho de quién nos dé qué refuerzo y qué castigo, y en qué momento de nuestra vida recibamos qué tipo de refuerzo; además, nos saturamos rápido si recibimos siempre el mismo tipo de refuerzo... En fin, que cada persona es un mundo.

En el capítulo 2 hablábamos de VER a los niños como alternativa a colgarles nuestros prejuicios e ideas preconcebidas. Ahora se trata de hacer exactamente lo mismo: si queremos educar bien a nuestros hijos o alumnos, tenemos que observar primero qué es lo que los refuerza, con qué se sienten bien, qué tipo de

En el sentido de las agujas del reloj:

1. Madre dice: «¡Torpe! ¡Estas cosas solo te pasan a ti! Me das asco...». Hija piensa: «He vuelto a fallar... Todo lo hago mal... No valgo nada».

2. Padre dice: «¡Te he dicho que no jugaras con la pelota en casa! Tendrás que pagar un jarrón nuevo con tu dinero». Hijo piensa: «¡Qué rabia! Pero tiene razón...».

3. Madre piensa: «Yo no he visto nada, así me ahorro disgustos». Hijo piensa: «¡Qué divertido! ¡Qué bien lo hago todo!».

premio buscan. Casi siempre buscarán lo mismo: ser admirados, valorados, atendidos y contemplados como únicos para nosotros, pero mientras a uno le bastará solo con que se lo digamos cuando haga algo bien, otro necesitará que nuestras palabras vayan acompañadas de un gesto o un premio.

Lo mismo ocurre con el castigo. Hay unas reglas universales para no dañar la autoestima del niño cuando le castigamos o regañamos —las veremos exhaustivamente en el capítulo «Educar para la autoestima»—, y esas reglas tienen que ser respetadas en cualquier caso, pero luego, cada niño es un mundo, y lo que a mí me parece que debe de ser un castigo terrible, al niño le parece *peccata minuta*, con lo que no habremos conseguido nuestro objetivo.

Aprendizaje por imitación

> No te preocupes si tus hijos no te escuchan, te miran todo el rato.
>
> Teresa de Calcuta

Una imagen vale más que mil palabras y cuando hablamos de niños, dos mil. Mucho más efectivo que los sermones o las explicaciones que podamos darles es lo que ven que hacemos. Nuestra actitud ante las cosas, si nos enfadamos con facilidad, si solemos tomarnos las cosas con optimismo, si tendemos a hablar mal de los demás, si ayudamos a alguien en cuanto podemos... todo eso no hace falta explicárselo al niño, porque lo ha captado en nosotros desde hace mucho tiempo.

No debemos olvidar que los progenitores, en primer lugar, y los educadores después, son las referencias directas del niño. Los niños nacen sin criterio, lo hemos repetido muchas veces, y lo primero que conocen es nuestra forma de ser, nuestros valores y conductas. Durante un tiempo largo, todo lo que hagamos y digamos el niño lo absorberá sin juicio de valor, simplemente porque no conoce otra cosa. Las personas adultas de referencia somos el ideal del niño, aquello que quiere llegar a ser y, por tanto, durante un tiempo largo querrá ser como nosotros.

Eso lleva a que tienda a imitar nuestra conducta, al principio, y más adelante nuestras actitudes y valores. Cuando es pequeño intentará sentarse como nosotros, hacer los gestos que hacemos o incluso utilizar las mismas palabras y expresiones, aunque no sepa lo que está diciendo. Algo más mayor, será del mismo equipo de fútbol que sus padres, las marcas que compran en su casa serán las mejores y únicas y tenderá a proclamar los gustos de los padres como si fueran los suyos. Esto llega a culminar a veces en la identificación con los valores de alguno de sus progenitores y, de pronto, vemos a niños que siempre intentan ayudar a los demás, igual que lo hace su padre, o que intentan, por encima de todo, salir ellos siempre mejor parados... pero ¿no es igual su madre?

Ahora bien, ¿qué ocurre cuando los progenitores tienen criterios o incluso muestran conductas, gustos, valores opuestos entre sí, algo que ocurre en muchísimos casos? Y ¿por qué el niño imita algunas cosas de sus padres y otras no?

La respuesta es sencilla: se tiende a imitar aquello que se ve que trae consecuencias positivas.

 Plantéate qué está pasando para que tus hijos o alumnos tengan esa conducta que tanto te desespera, ese carácter tan indómito, esa actitud que parece inmodificable:

1. Piensa en una conducta negativa de tu hijo o alumno que no comprendas, te cueste cambiar, con la que no logres que entre en razón o por la que te hayas resignado a pensar que él es así.

2. ¿Puede que algo esté reforzando esa conducta? ¿Algo que dispensamos nosotros mismos u otras personas? ¿Qué satisfacción puede estar sacando el niño al emitir su conducta? No olvidemos que en todo momento busca sentirse seguro y perteneciente a nosotros, reconocido, atendido...

3. ¿Puede que el niño no sepa cómo llamar nuestra atención de otro modo y necesite aprender otras conductas que sí podrían llamar nuestra atención favorablemente?

4. ¿Puede estar imitando alguna conducta o actitud que está viendo en nosotros o en otra persona de relevancia para él?

5. A partir de nuestra observación, podemos reflexionar sobre la conveniencia de intervenir de una forma distinta a la que veníamos utilizando. ¿Hay algo de lo que ya hace que deberíamos reforzar más? ¿Algo que deberíamos castigar más o dejar sin refuerzo, no hacerle caso?

6. ¿Qué conductas o actitudes alternativas podríamos reforzar más en nuestro hijo/alumno, a fin de que se sienta bien y deje de emitir la conducta errónea? (A la vez que dejamos de reforzar la conducta errónea).

Tenemos que VER, observar bien a nuestros niños si queremos ayudarles a cambiar algo de su conducta.

Vamos a describir, con ejemplos, cuatro conductas aparentemente incomprensibles y su posible explicación desde la teoría que acabamos de exponer. Como siempre, nos van a ayudar nuestros amigos de la Banda del Moco.

María

La madre de María observa que esta no es asertiva, aunque ella no lo exprese utilizando este término. Le da mucha rabia, por ejemplo, que su hija se deje llevar por los demás, como en el caso del juego de molestar a Laura, y no sea capaz de dar prioridad a sus verdaderos intereses —el estudio— o, por lo menos, a los que ella —la madre— cree que deberían ser sus verdaderos intereses.

En un primer análisis, sorprende que María no priorice el estudio a una diversión, ya que hemos observado que su madre le hace un verdadero chantaje emocional y le da a entender con mucha frecuencia que la querrá en cuanto ella rinda perfectamente en el colegio. Según lo que hemos expuesto respecto a la satisfacción de necesidades básicas, María tendría que preocuparse en todo momento por satisfacer a su madre, ya que de su afecto y reconocimiento depende la autoestima de la niña.

Puede haber varias razones que expliquen esta aparente contradicción. Nosotros sugerimos la siguiente: María actúa por imitación de su madre. Si analizamos la primera regañina que está reflejada en el capítulo 2, vemos que la madre le dice, muy poco después de llamarla «irresponsable»: «¿Y ahora qué van a pensar los profesores de ti? [...] Ya estás marcada. [...] ¿Y qué van a pensar de tu padre y de mí? Ahora parecerá que te educamos mal [...]. ¡Hemos quedado a la altura del betún! ¡La hija de los señores Pérez [...]!».

¿Qué le está transmitiendo la madre con estas frases? Así lo entiende María: «Es terrible quedar mal ante los demás. No hay que dar mala imagen nunca. Mi madre está descompuesta, luego debe de ser algo horrible que piensen mal de ti», y como la madre de María es el modelo incuestionable —de momento— que imitar, María lo único que hace es seguir instrucciones: hace lo que hacen los demás, jugar a molestar a una niña, sin plantearse siquiera si está bien o mal. Lo hace la mayoría, y lo más terrible es salirse de la norma de lo que hace la mayoría, luego hay que seguir a los demás. Cuando Olaya y Carlos la obligan a pararse y reflexionar, se nota que María no se ha dado tiempo a sí misma para plantearse si le parece bien o mal participar en el juego, porque ve en su madre que eso es un tema secundario: lo importante es actuar de modo que los demás no puedan decir: «No pensábamos que fueras así». Por imitación, que, como ya hemos dicho, tiene a veces más poder que las palabras, María está aprendiendo a ser sumisa. Sin embargo, la madre la regaña por haber sido sumisa en este caso, a la vez que le refuerza el continuar siendo sumisa y estar pendiente de lo que piensen los demás. Como dijimos en su momento, María todavía no tiene criterio para asumir estos dos mensajes contradictorios, con lo cual optará por la única salida que le queda: sentirse culpable. Debe de haber algo en ella que está mal, ya que la madre no puede estar equivocada.

La regañina de la madre está reforzando la sumisión en María por presentarle un modelo para seguir basado en una excesiva dependencia de lo qué dirán los demás.

Evidentemente, si la madre le dice eso una sola vez, no tendrá efecto alguno sobre María. Es la repetición, el ver que la madre siempre actúa de la misma forma, lo que hace que María tienda a imitarla y querer satisfacerla igualándose a ella.

Olaya

Olaya no da muchos problemas, como podemos imaginarnos, o quizá es que los padres no ven como problema lo que otros ven como algo terrible —véanse las reacciones de los padres de María y Óscar—. Pero tal vez esa gran confianza que tienen depositada en ella los haya llevado a minimizar una conducta errónea que en sí no es muy grave, pero que un niño en edad escolar no puede permitirse: es muy desordenada. La liebre salta con una nota en un examen parcial: Olaya había sacado notables y algún sobresaliente en los exámenes de lengua y, de repente, le ponen un aprobado pelado. Cuando la madre habla con la profesora de Lengua y le pregunta el porqué de esa bajada de nota, se entera: Olaya pierde la mayoría de las hojas que les dan en clase, tiene el cuaderno hecho un desastre —un cuaderno que la madre nunca ve porque... siempre se lo deja en la clase—, hace los deberes a medias porque no los apunta bien. Los exámenes los saca bien porque tiene muy buena aptitud para Lengua, pero la profesora augura que a partir de quinto curso ya no le resultará tan fácil sacar buenas notas si continúa así.

La madre vuelve a casa preocupada y decide observar a su hija para ver qué se les ha escapado, qué ha ocurrido para que Olaya haya llegado a ese punto de desorden. Claro que ya sabía que su hija es desordenada, y la regañan por ello, pero no pensaba que fuera para tanto. Y ahí se da cuenta de un primer error: nunca la han amonestado con la suficiente contundencia como para que Olaya viera la necesidad de modificar su conducta. Regañar, sí la regañan, pero de manera muy puntual y, como siempre que hay un gran desorden en la habitación suele ser tarde y Olaya se tiene que ir a la cama, la madre suele ayudarla a recoger —dicho sea de paso, al final ella es la que recoge el noventa por ciento de las cosas— y, mientras tanto, se cuentan cosas, se ríen... ¡Pero si en vez de ser un castigo, es un refuerzo!, observa la madre con bochorno.

En efecto, en este caso el castigo es mínimo y a Olaya, literalmente, le entra por un oído y le sale por el otro; sabe, también, que no suele durar mucho rato, con lo cual, lo mejor es esperar con paciencia a que a sus padres se les pase el sofocón. Por el contrario, al final viene el refuerzo: recoger con la madre que, por fin, se toma tiempo para estar con ella en exclusiva. ¿Quién va a querer modificar esa conducta si, además, a corto plazo, ni siquiera en el cole el coste es demasiado grande, ya que saca notables en los exámenes? Al final, la madre de Olaya se da cuenta de otra realidad clarísima: el padre de Olaya es igual o incluso más desordenado que ella. Su mesa de despacho es un caos infranqueable, las habitaciones están llenas de objetos que él utilizó en algún momento y que ahí se han quedado. La madre ha tenido ya varias discusiones con él a este respecto, pero él sigue comportándose igual. ¿No está transmitiendo a Olaya que no pasa nada, que se puede ser desordenado sin que el tema trascienda? Si Olaya ve que él tampoco percibe ninguna gran consecuencia negativa a su desorden, tenderá a imitarle y, como él, no se esforzará por ordenar más las cosas. De nuevo chocamos con el poderoso influjo de la imitación, además del efecto descrito de no mostrar suficientes consecuencias negativas a una conducta errónea y, al contrario, estar incluso reforzando esa conducta.

Carlos

Últimamente, los padres de Carlos están un poco preocupados, porque se dan cuenta de que tiene una incipiente tendencia a falsear datos o incluso mentir sobre algunas cosas. «¿Tendrá la autoestima baja?», se preguntan. «¿Tendrá necesidad de dar una imagen favorecida de sí porque él mismo no se lo cree?». Porque, según han observado, las mentiras son para justificarse o quedar en buen lugar y son los demás los culpables.

La madre le creía siempre, e incluso un día llegó a regañar a un niño que suponía que había maltratado a su hijo, hasta que otras madres y padres le contaron versiones muy diferentes a las situaciones que describe Carlos.

La madre está desconcertada y preocupada, y se plantea si estará fallando en alguna cosa y si Carlos necesita más cariño o apoyo. Porque piensa que cuando Carlos le cuenta las cosas, ella siempre le apoya incondicionalmente, pero quizá no sea suficiente...

¿Es verdad que la madre le está dando poco apoyo y el niño necesita más? Rotundamente no. Una parte del problema está precisamente en el excesivo apoyo y muestras de cariño que le dispensa la madre. ¡Está reforzando la conducta de mentir! Si cada vez que Carlos se pone como víctima, la madre lo abraza y lo besa y le dice que no se preocupe, que ella le resolverá el problema, Carlos tendría que ser muy tonto para esperar a que surjan las situaciones por sí solas en vez de ir provocándolas con descripciones medio inventadas en las que él siempre sale perdiendo. «Refuerzo, por favor», parece que dice. Y sus padres obedecen. Podrían plantearse que sería mucho más efectivo que le enseñen a defenderse —si es que lo necesita— o a resolver las situaciones por sí solo. Enseñar a resolver autónomamente las situaciones demuestra el mismo amor incondicional, pero sin sobreproteger al niño.

Pero hay otro factor, quizá más contundente, que contribuye a que Carlos tienda cada vez más a falsear datos o contar mentirijillas.

Los padres de Carlos no tienen unos criterios claros respecto a cómo educar a su hijo, se contradicen entre sí y ellos mismos oscilan entre una conducta y otra. El padre está preocupado por que su hijo no se convierta en lo mismo que él y le quiere empujar a que «reaccione» y no se deje apabullar, mientras que la madre compensa modelos que recibió y quiere fomentar la autoestima de Carlos por encima de todo. El niño recibe todo esto como instrucciones contradictorias, de las que no puede sacar unas normas de actuación definidas. A esto se añade que ninguno de los progenitores le muestra unas pautas de conducta claras. Igual que María, ante instrucciones que se contradicen entre sí, no puede quedarse con ninguna de ellas, pero como Carlos se quiere a sí mismo porque se sabe querido incondicionalmente, en vez de culpabilidad, él opta por sacar sus propias normas. Lo único que tiene claro es que le quieren mucho y que consigue que le demuestren ese cariño si les cuenta historias que son verdad a medias... Por lo menos, esa es una conducta de sus padres que no se contradice con otra y que siempre obtiene el mismo resultado que, además, es satisfactorio. Y saca doble satisfacción, porque así tiene contentos a ambos: la madre le achucha y le quiere y el padre le cuenta historias de su pasado, conductas ambas que, según lo ve Carlos, debe ser que les gusta sacar...

Nunca se valora lo suficiente la enorme importancia que tiene para un niño el que sus progenitores y educadores le den pautas y normas de conducta claras y permanentes, lo que no quiere decir rígidas. El niño necesita tener un soporte, algo sobre lo que posicionarse quizá, pero que le proporcione seguridad y estabilidad.

Óscar

De Óscar y sus motivaciones ya hablamos en el capítulo 3. Sus padres lo regañan mucho y muy duramente y le infligen los castigos más severos. «Mano dura», dice su padre. Sin embargo, Óscar no mejora —nos referimos a notas, conducta en el cole...—, sino que va a peor. Sus notas son cada vez más bajas, hasta llegar a estar a punto de suspender el curso, y su conducta en clase deja mucho que desear. Los docentes envían notas a sus padres con mayor frecuencia y, aunque al principio se preocupaban por él, porque le veían buen chico, ahora se están hartando y crispando porque no mejora y parece que «no se esfuerza».

Veamos qué ocurre en casa. Óscar recibe muchos castigos y, además, por casi todo: por verdaderas travesuras, pero también por cosas por las que a los demás niños les caería, como mucho, una regañina. Está acostumbrado a recibir castigos y descargas de ira sobre su persona, pero eso no quiere decir que se esté insensibilizando hacia ellas. Al contrario, cada vez le duelen más, cada vez tiene más la sensación de ser un «desastre» sin remedio.

Porque, ¿en qué se le refuerza? En su casa, ¡en nada! Lo correcto se da por hecho o no se ve, mientras que lo incorrecto se ventila a bombo y platillo. Incluso cuando saca una nota medianamente buena, como es el caso de aquel seis en matemáticas, recibe una bronca porque no es lo bastante buena para lo que podría dar de sí.

Pero un niño no puede sobrevivir sin refuerzos, necesita de manera imperiosa que sus necesidades de seguridad-pertenencia y de afecto-reconocimiento se vean satisfechas, y si en su casa, que es donde se le deberían dispensar, no recibe refuerzo a estas necesidades, se lo buscará por otro lado. Y así, Óscar había conseguido hasta ahora ser el «malo» de la clase y suscitar esa mezcla de admiración y temor por parte de alumnos y de algunos docentes, que cubría a la perfección su necesidad de reconocimiento, pese a que las otras necesidades continuaban renqueando.

Hasta que se topó con María, Carlos y Olaya. Ellos tres ya eran amigos de antes, y en una fiesta de cumpleaños descubrieron a Óscar y se dieron cuenta de que, cuando estaba relajado, era muy divertido y se podía jugar muy bien con él. También fueron viendo que detrás de su fachada de chico duro y transgresor había un chaval honesto y fiel. Y lo acogieron en su grupo, que pasó a llamarse la Banda del Moco. Aunque evidentemente ellos no lo saben, tal vez la Banda del Moco lo habrá salvado de terminar como tantos chicos con autoestima baja: agrediendo, rebelándose, sacando al exterior toda su amargura en forma de violencia.

Y la Banda del Moco le está proporcionando justo lo que tanto le faltaba a Óscar: sensación de pertenencia, de afecto incondicional, de reconocimiento.

Han descubierto que Óscar dibuja muy bien y, en el grupo y para los demás niños, Óscar es reconocido como «el pintor». ¿Queremos más refuerzo que todo eso? Antes, Óscar buscaba obtener refuerzo por el camino equivocado, intentando suscitar temor y admiración; ahora, poco a poco, está cambiando ese refuerzo por uno mucho más auténtico y constructivo: dibujar bien y ser buen amigo.

¿Y qué pasa con las notas? Por desgracia, nos tememos que ese siempre será el caballo de batalla de Óscar. Como, repetimos, lo más importante para un niño es cubrir las necesidades básicas en la edad en la que tienen que ser cubiertas, Óscar priorizará siempre el reconocimiento y el afecto que le dispensan sus amigos a esforzarse en sacar buenas notas... ¿para qué? ¿Para que sus padres le continúen transmitiendo la sensación de que nunca lo va a hacer perfectamente y que no ha salido como ellos hubieran querido? Harían falta otros argumentos para que Óscar se pusiera a estudiar y a intentar ser aplicado en clase...

PARA RECORDAR

Para educar para la autoestima y la asertividad hay que saber también cómo educar. Para ello hay dos principios básicos, adaptables a todas las situaciones, basados en la teoría del aprendizaje:

1. Nuestra conducta se modula según las **consecuencias** que reciba. Hay tres tipos de consecuentes:

- Los **refuerzos**: toda aquella consecuencia a una conducta lo suficientemente satisfactoria como para que aumente la probabilidad de que dicha conducta se repita.
- Los **castigos**: toda aquella consecuencia a una conducta lo suficientemente negativa como para que disminuya la probabilidad de que dicha conducta se repita.
- La ausencia de consecuencia o **extinción**: toda falta de consecuencia positiva que aumenta la probabilidad de que esa conducta no se repita.

2. Como regla general, decimos que los refuerzos tienen un mayor efecto que los castigos a la hora de modificar una conducta.

Otra regla es que la ausencia de consecuencias (no hacer caso) solo es efectiva para que cese una conducta si a la vez se refuerza una conducta alternativa.

3. Nuestra conducta se forma también por **imitación**, según el modelo que tenga la persona. Para que el niño tienda a imitar una conducta tienen que darse dos requisitos, que suelen cumplir los padres:

- Que la persona, en este caso el niño, tenga una relación afectiva y admire a la persona que toma como modelo.
- Que vea que la conducta que tiene la persona modelo es reforzante, es decir, causa satisfacción.

6

Para la autoestima

Los padres siempre quieren a sus hijos, aunque
lo hagan todo mal, ¿no?

ANDREA (ocho años)

Repasados algunos conceptos de la psicología del aprendizaje,
nos centraremos en el tema que nos interesa, autoestima y asertividad, y en adaptar lo que hemos aprendido sobre los refuerzos, los castigos y los modelos de conducta a estas áreas.

Para ello los padres tenemos que hacer una reflexión muy
importante:

Somos responsables del desarrollo de nuestros hijos. Los
niños vienen en su mayoría «con un pan bajo el brazo» —en
nuestro entorno sociocultural suelen tener cubiertas las necesidades fisiológicas—, pero, por lo demás, como espero haya
quedado claro, dependen completamente de nosotros: de nuestras actitudes, de nuestro afecto, de nuestros valores, de cómo les enseñamos las cosas, de lo que ven en nosotros, de... casi
todo.

Recordemos: nacen sin criterio de comparación, lo que ven
en nosotros y lo que les transmitimos será la «verdad» para ellos,
y no es hasta la adolescencia cuando se cuestionan todo lo que

hasta entonces hayan recibido. Pero desde que nacen hasta que comienzan a hacerse esos planteamientos pasan la friolera de doce años, en los que son dependientes de nosotros y están sedientos de cubrir sus necesidades de seguridad-pertenencia y afecto-reconocimiento.

En esos doce años habremos creado un vínculo con ellos, que tiene que ser fuerte e inalterable. Para que el niño se desarrolle de manera sana necesita sentir que existe ese vínculo inquebrantable con nosotros, hecho de amor incondicional y respeto, y que ese vínculo afectivo es seguro: haga lo que haga, se equivoque o haga las cosas mal intencionadamente, el niño tiene que sentir que le queremos por encima de sus conductas y que ese amor no se va a romper nunca.

Y eso, aparte de sentirlo, se lo tenemos que transmitir. El niño no sabe que le queremos, tenemos que mostrárselo nosotros, recordemos que nace sin saber. Y, más que saberse querido, necesita *sentirse* querido para poder creérselo, y para ello necesita abrazos, besos, palabras cariñosas, ver nuestra cara de orgullo cuando hablamos de él o ella, saber que nunca lo pondremos en evidencia delante de los demás...

Nosotros hemos decidido o, por lo menos, aceptado tener a ese hijo y, por tanto, tenemos que comprometernos a construir un vínculo afectivo incondicional con él. Nosotros tenemos la obligación de hacer que crezcan sanos física y psicológicamente, ellos no tienen ninguna obligación en ese sentido: ni han venido para compensar nada, ni para salvar nuestra propia autoestima ni para mantener viva la pareja. Un niño jamás tiene que servirle al padre o a la madre para que este aumente su autoestima, pero los padres sí están obligados a aceptarlo y quererlo de forma incondicional si pretenden que ese niño sea feliz.

Qué hay que hacer para educar para la autoestima

Tras entrevistarse con los progenitores de los niños del colegio y hacer la debida evaluación, la orientadora les ofreció un encuentro para explicarles sus conclusiones y comentar las dudas que tuvieran. Los padres de la Banda del Moco acudieron a la cita y sacaron las siguientes conclusiones:

Los **padres de Olaya** se mostraron satisfechos con la evaluación y con su hija. Se han propuesto estar un poco más atentos al posible relajamiento de su hija respecto al colegio, pero confían plenamente en ella y en sus capacidades. Saben que ella es la primera interesada en hacer las cosas bien y que solo le falta encontrar el cómo.

Los **padres de Óscar** no sacaron ninguna conclusión especial, sobre todo el padre, ya que, desde el principio, todo esto le parecía una sublime tontería. Dicho de modo más profesional: sus valores y normas son tan rígidas que no permiten la más mínima brecha ni cuestionamiento. Pero la madre..., en algún momento a lo largo de la conversación con la orientadora creyó ver algo de luz, atisbó que había una forma distinta de tomar las cosas, de ver a su hijo, y esa forma distinta le proporcionó, por un momento, sensaciones de paz, de alegría, que se difuminaron al instante, vencidas por la realidad, por la culpa, por la sensación de que era algo irremediable... Sin embargo, algo quedó. Esperemos que la madre de Óscar haga caso a estas sensaciones y tome la decisión de buscarlas, ir a por ellas y sentirlas más veces. Que, a raíz de ello, busque ayuda profesional para ella y que así, poco a poco, a base de quitarse la culpa y la indefensión, aprenda a quererse y aceptarse a sí misma. Así aprenderá a VER, a querer y aceptar incondicionalmente a su hijo Óscar, quien, aunque está recibiendo un importante empujón gracias a sus amigos, necesita imperiosamente sentir el amor incondicional de sus padres.

Los **padres de Carlos** se sintieron muy a gusto tras hablar con la orientadora. Vieron reforzado su cariño incondicional hacia su hijo, se sintieron orgullosos de él y sus conductas y se disiparon algunos de los temores que tenían. No obstante, entendieron que estaban transmitiéndole excesiva inseguridad al sentirse ellos a su vez tan inseguros en su forma de educar y decidieron profundizar más en el tema. Han acudido a un curso sobre cómo educar para la autoestima, están leyendo algunos libros al respecto y, como ambos son muy aplicados y constantes, están logrando que Carlos se sienta más seguro de sí mismo y de sus criterios. Cada vez va teniendo menos necesidad de exagerar o hacer teatro para conseguir una respuesta clara de sus padres... ¡y ha empezado a aprender un arte marcial, del que ya ha vuelto a casa con algunos moratones!

La **madre de María**, al contrario que los demás progenitores, salió de la entrevista con la orientadora muy alterada. De repente, como si la hubiera atravesado un rayo, se dio cuenta de que le estaba haciendo un mal a su hija con sus exigencias de perfección. Comprendió, gracias a las explicaciones de la orientadora, cómo se podía sentir María y la angustia que llevaba dentro. Se abrió una cortina que tenía ante los ojos y vio a su hija luchando por obtener su cariño, sintiendo que nunca llegaba a gustarle del todo, esforzándose hasta el agotamiento con tal de obtener una palabra de satisfacción por su parte, que casi nunca llegaba. Y lloró mucho y se sintió muy culpable, pero, como es una mujer muy resolutiva, decidió, al cabo de un tiempo, cambiar de forma radical, buscar ayuda para saber qué hacer y comenzar de nuevo un camino en común con sus dos hijas. Como fue la orientadora del colegio quien le había abierto los ojos, la madre de María acudió a ella en primer lugar. Transcribimos aquí las conversaciones que mantuvieron a lo largo de varias sesiones.

Primera sesión

La orientadora escuchó con atención lo que le contaba la madre de María y su necesidad de apoyo y dirección, y le contestó:

ORIENTADORA: Bueno, en primer lugar te felicito y admiro tu decisión. Se necesita valentía para afrontar algo que sentimos que hacemos mal y sé que no es fácil: primero tienes que tener la sinceridad de reconocer que algo no marcha como a ti te gustaría; en segundo lugar, dar el paso de pensar que quizá no todo es culpa o responsabilidad de la otra persona, en este caso de tu hija María, y explorar dentro de ti para encontrar tu aportación a todo este asunto; por cierto, este es el paso más difícil; en tercer lugar, no hundirte en una cadena de autorreproches y culpabilizaciones, sino permitirte llorar y desesperarte durante un tiempo, pero al cabo, reaccionar e intentar cambiar la situación; y, por último, tener la humildad de reconocer que tú sola no puedes y buscar ayuda. Fíjate todo lo que has hecho sin apenas darte cuenta; con eso, ya tienes recorrida una buena parte del camino para cambiar tu relación con María. Esta nueva actitud te permite VER a tu hija de forma mucho más objetiva y aceptar que es otra persona diferente a ti y, sobre todo, que se merece un trato individualizado, adecuado a ella sola como persona única que es. No se merece cargar con tus frustraciones, por muy dolorosas que sean, ¿verdad?

MADRE DE MARÍA: [*llora*] No, claro que no se lo merece, pobrecilla mía... ¿y qué puedo hacer? ¿O es demasiado tarde ya? ¡Ya tiene diez años! Dios mío...

ORIENTADORA: Nunca es tarde para mejorar la autoestima. Siempre puedes y podrás ayudarla a sentirse bien y segura consigo misma, tenga la edad que tenga. Incluso si lo hicieras muy muy mal y se hiciera adulta arrastrando una autoestima deficitaria, ella podría buscar ayuda y suplir por sí misma lo que se le negó en la infancia. Aun así, aunque sea con algo de atraso, siempre es mejor y más efectivo que sean los padres los que aprendan a querer incondicionalmente a sus hijos y les enseñen así a quererse a sí mismos. Conozco varios casos de personas cuyos padres cambiaron cuando ellos ya eran casi adultos. Me acuerdo de una chica que ahora tendrá unos treinta años. Fue educada en la «negligencia de la autoestima», es decir, sus necesidades no fueron rechazadas, pero sí desatendidas por tener que ocuparse la familia de otros hermanos mucho más problemáticos. Pues bien, cuando ella tenía unos veintitrés años y una autoestima bastante pequeñita, su padre reaccionó. Se dio cuenta de que esa hija tan calladita y buena, la que ayudaba a todo el mundo y no traía problemas, se sentía muy sola e insegura, de menor valía que los demás, y comenzó una «campaña» de atención hacia ella, de escucharla, de aceptar y respetar todo lo que decía y de mostrarle más cariño. Te aseguro que esta chica mejoró sustancialmente. Cuando vino a mí, requirió solo de unas cuantas pautas para ponerse en marcha como persona segura y digna de ser querida. Si ella pudo mejorar a los veintitrés años, ¡qué no podrá mejorar tu hija con diez!

**Nunca es tarde para emprender
la mejora de la autoestima.**

MADRE DE MARÍA: Pero ¿qué tengo que hacer? ¿Por dónde empiezo? Tengo la sensación de que todo está tan liado que no se puede empezar por ningún lado. Me da la impresión de que lo he hecho todo mal y tengo que empezar de nuevo. No sé si podré hacerlo, se me hace una montaña.

ORIENTADORA: Bueno, esa es la sensación que tiene todo el mundo que va a un psicólogo, sea cual sea el problema que tenga y precisamente por eso acude a un psicólogo. Todo parece una maraña liada entre sí, donde cada cosa está mezclada con las demás, y la sensación de «todo lo he hecho mal» también responde a lo mismo: vemos los problemas como un todo único, sin posibilidad de entrar o de cortar un trozo para empezar a trabajar a partir de ahí, pero para eso estamos los profesionales. Todo se puede desentrañar, cada cosa tiene su explicación lógica y su consecución, ya verás que las cosas se van a colocar cada una en su sitio. Ahora mismo estás desesperada y tiendes a centrarte solo en lo negativo. Mira, tu hija tendrá déficits de autoestima, sí, pero, por otro lado, está sana y fuerte, es trabajadora, buena estudiante, amable, buena... Pero no está bien que sea yo quien te lo diga. Es mucho más valioso que lo descubras tú. Te propongo un ejercicio que puedes hacer a lo largo de unos días, y que te servirá para reconocer las cosas buenas que tiene tu hija y acercarte más a verla tal como es. Y, de paso, quizá puedas reconocer tu influencia positiva en algunas de las cosas que hace bien.

 Durante una semana, dedícate a observar a tu hija, pero esta vez, intenta contabilizar solo lo positivo, tal y como pone en el ejemplo a continuación. Ya habrá tiempo para recalcar lo negativo y por una semana en la que no estés vigilando solo sus conductas negativas, no va a pasar nada. Es más, continúa con la misma línea educativa con la que te guías hasta ahora y no modifiques tu conducta, simplemente observa y capta las cosas positivas que tiene y hace tu hija. Apúntalas en un recuadro como este:

DÍA	Conducta positiva	Cualidad positiva implícita
XXX	(Ej.) Se ha recuperado rápido de un disgusto y ha estado alegre el resto del tiempo.	(Ej.) Se muestra optimista y se le pasan las cosas rápidamente.

MADRE DE MARÍA: Gracias, haré el registro. Pero lo que no me queda claro es qué hacer, por dónde empezar...

ORIENTADORA: Yo no puedo hacerte una terapia aquí porque no me lo permite el tiempo que tengo para las tareas de orientación. Pero te daré una serie de pautas durante unos días que te permitirán avanzar si te las tomas en serio. Si aun así te quedan dudas o no ves resultados satisfactorios —aunque ten en cuenta que estas cosas suelen tardar más de lo que tolera nuestra paciencia—, siempre puedes acudir a algún psicólogo que te ayude con mayor profundidad.

MADRE DE MARÍA: De acuerdo, procuraré poner el máximo de mi parte. Cuéntame qué tengo que hacer.

ORIENTADORA: Bueno, en primer lugar, te daré las líneas directrices de lo que tienen que ser las principales actitudes para educar a un niño en autoestima y cuáles son los cuatro pilares de la autoestima que hay que trabajar. Los tienes en esta hoja que te doy. Te recomiendo que la tengas siempre presente y la repases de vez en cuando.

Los cuatro pilares para educar en autoestima son:
1. **A**ceptación.
2. **R**egulación emocional.
3. **L**ímites adecuados.
4. **E**ducación en valores.

Si te sirve, puedes acordarte por las siglas: ARLE. Bien, comencemos con el primer pilar, el de la aceptación. Ahí te daré otras siglas: CRIA.

MADRE DE MARÍA: ¿Cómo que críe?

ORIENTADORA: No, mujer, criar me imagino que ya la crías. Me refiero a CRIA:

– Confianza.

– Respeto.

– Incondicionalidad.

– Autonomía.

Son los componentes del primer pilar, que en la hoja que te he dado llamamos «aceptación». Este primer pilar es el básico, y son las actitudes principales que hay que tener respecto al niño para que este crezca con buena salud mental. Te las explicaré de forma breve:

La confianza. Tenemos que confiar en el niño y mostrárselo. «Confiar» no significa necesariamente «creer» todo lo que nos dice, ya que, como todos nosotros, de vez en cuando, nuestro hijo tenderá a ocultarnos algo que sabe que no nos va a sentar bien. Cuando hablo de confiar me refiero a creer en su evolución, en su búsqueda de cariño y seguridad, en que es una persona con los mismos sentimientos y los mismos deseos que nosotros. Tu hija no es mala ni perversa, solo quiere gustarte y sentirse bien; otra cosa es que lo haga de forma perjudicial para ella o para ti y necesite que se le enseñe a hacerlo mejor.

MADRE DE MARÍA: Qué quieres que te diga, ayer, por ejemplo, me engañó descaradamente. Me dijo que había sacado un diez en el examen de lengua, cuando ¡había sacado un siete! Eso ¿cómo tengo que interpretarlo? ¿Tengo que pensar: «Pobrecita, está desarrollando su autoestima», y dejarlo pasar? ¡Pero entonces me seguirá engañando si ve que cuela!

ORIENTADORA: Este es un buen ejemplo. A ver, por supuesto que debes decirle que está mal haberte engañado y que no lo vuelva a hacer, pero hay dos cosas: por un lado, se lo puedes decir de forma que no la hagas sentir como que te ha fallado y que ya no confiarás nunca más en ella o que ella es así y no cambiará nunca. Y en segundo lugar, en vez de juzgarla por haberte engañado, prueba a intentar saber por qué lo ha hecho: ¿quizá teme defraudarte? ¿Teme tus broncas que la hacen sentirse tan mal? ¿O intenta evitar un castigo? Siempre hay alguna razón por la que los niños engañan, mienten, fallan, incumplen las promesas..., y si confiamos en que no hay maldad detrás de estas conductas, podremos sacar la verdadera razón por la que las cometen y ayudarles a hacerlo mejor, nosotros y ellos.

El segundo punto de este pilar es el **respeto**. En cierto modo, va implícito en lo que acabamos de decir. Si confiamos en nuestro hijo, lo respetaremos. Respetaremos que es una persona como nosotros, no un ser incompleto y, por tanto, no digno de ser tenido en cuenta. El niño carece de experiencia y está aprendiendo a manejarse en la vida, pero eso es lo único que le distingue de nosotros. Si reclamamos un respeto para nosotros, ¿por qué no lo respetamos a él?

MADRE DE MARÍA: Sí, pero no entiendo en qué puedo manifestarle que la respeto. Yo creo que lo hago y me imagino que se da cuenta.

ORIENTADORA: ¿Tú crees? ¿Piensas verdaderamente que María siente que la respetas? Mira, respeto significa reconocer que es una persona que siente igual que nosotros, como hemos dicho, lo cual implica respetar sus sentimientos, aunque no los entendamos; sus gustos, aunque no los compartamos; su opinión, aunque sea diferente de la nuestra. Eso no significa que le tengamos que dar la razón en todo, sino que respetemos que tenga esa opinión y le intentemos hacer ver que está equivocada, si pensamos que lo está, pero siempre preservando su dignidad y su derecho a pensar de otra forma.

Y una cosa muy importante para ti: respetar al niño significa darnos cuenta de que es un ser diferente de nosotros, al que no podemos imponer nuestras aptitudes ni capacidades, por muy buenas que nos parezcan, ni manipular para que compense frustraciones o deseos inconclusos. Tenemos, tienes, que hacer una separación entre tu hija y tú, y entonces la respetarás como persona independiente que es.

MADRE DE MARÍA: Esto es muy fuerte para mí. Intuyo que tengo que trabajarme mucho ese aspecto y que me va a costar.

ORIENTADORA: Sí, yo también creo que tienes que trabajarte este tema, pero, como te he dicho, el primer paso ya está dado, y es el hecho de reconocer que tienes un problema y el deseo de afrontarlo.

Bueno, pasemos al siguiente punto: **incondicionalidad**. Para mí, esta palabra es la madre de todas las expresiones en lo que se refiere a autoestima. Solo podemos confiar en el niño y respetarlo si lo queremos incondicionalmente. Esto significa que, haga lo que haga y sea como sea, lo vamos a querer y aceptar con sus similitudes y sus diferencias respecto a nosotros. Imagínate que una de tus hijas comienza a sacar malas notas en las asignaturas principales, pero desarrolla una fuerte capacidad para el deporte: destaca por sus habilidades en el fútbol, se pasa el día entrenando, se quiere apuntar al equipo de tu barrio. ¿Cómo te lo tomarías?

MADRE DE MARÍA: Me muero, me da algo. Intentaría quitárselo de la cabeza, reconozco que tal vez a la fuerza, con castigos y prohibiéndole entrenar, y le iría muy detrás para que estudiara y sacara mejores notas. Y como me conozco, lo conseguiría, porque cuando tengo algo claro..., y en este punto tengo claro que tienen que sacar buenas notas para poder estudiar una carrera el día de mañana, porque si no, serán unas fracasadas y...

ORIENTADORA: Perdona que te interrumpa. ¿A eso lo llamas aceptación incondicional? ¿No estás intentando colocarles a tus hijas tus ideas, tus valores y, sobre todo, tus frustraciones? Menos mal que ninguna te ha salido pintora, o música, o deportista... Aceptar incondicionalmente significaría, en este caso, que la querrías como es, seguirías respetando su aptitud, diferente de la que deseas, y confiarías en ella como persona, y le transmitirías esa confianza para que desarrollara una autoestima sana y fuerte, que en ningún caso le vendría mal. Eso no quita una cosa: dado que es muy importante que, aparte de desarrollar sus capacidades deportivas, aprenda otras cosas y siga la escolaridad, podrías incentivarla y enseñarle a estudiar mejor las asignaturas que no se le den bien. Y ahí caben todas las medidas disciplinarias que se te ocurran, mientras no dañen su autoestima. Lo uno no quita lo otro, pero siempre desde el cariño y la aceptación incondicional, ¡y que ella se entere de eso!

El último punto de este primer pilar es el fomento de la **autonomía**. Imagínate dos palos, colocados a unos metros el uno del otro, unidos por una goma. Un palo es la seguridad que le proporcionamos a nuestros hijos; el otro es el mundo exterior, la vida autónoma e independiente. Tu hija está atada a esta goma y va oscilando entre un palo y el otro a medida que se va desarrollando: su tendencia es tirar hacia el de la autonomía, porque su naturaleza se lo pide, pero muchas veces, cuando se ha acercado demasiado a este palo, tiene que volver a acercarse al de la seguridad. Es bueno que los padres permitan al niño tensar la goma hacia la autonomía, esto es, que le permitan explorar, hacer las cosas por sí solo, tomar sus propias decisiones —acordes a su edad—, pero, a la vez, tienen que estar ahí para proporcionar seguridad. Los progenitores tienen que ser como el pilar que nunca se mueve en ese sentido, el que siempre está ahí, respetando el ritmo del niño, dejándole hacer si no supone peligro físico para él, pero recibiéndolo con los brazos abiertos si vuelve corriendo y con miedo. Los pájaros empujan a sus pequeños fuera del nido cuando consideran que estos ya están preparados para volar. Yo no digo que hagamos lo mismo con nuestros hijos, pero sí que no pensemos ni decidamos por ellos, que les queramos preservar de mil peligros que solo aprenderán a afrontar si los afrontan ellos mismos. Esto va desde confiar en que el niño sabe vestirse o atarse los zapatos solo, aunque tengamos que esperar pacientemente a que termine, hasta contar con su opinión cuando haya que tomar una decisión importante en la familia. También es bueno darle tareas que le impliquen responsabilizarse de cosas: cuando es pequeño, puede ayudarnos en tareas de la casa que le hagan sentirse importante; cuando es mayor, puede cuidar de alguien, decidir qué comprar, intervenir en la toma de decisiones. Todo esto conlleva parte de lo que decíamos antes: confianza en que nuestro hijo puede hacer las cosas y respeto por su ritmo y su forma de ser.

MADRE DE MARÍA: Bueno, este último punto me ha aliviado, porque creo que, de todo lo que hago mal, este no es el punto peor. Creo que sí que permito que María sea autónoma y, por otro lado, le proporciono seguridad. De todos modos, lo observaré más detenidamente.

ORIENTADORA: ¡Eso está muy bien! ¿Ves? Ya estás empezando a valorar lo positivo y te propones observar y VER a tu hija, en vez de guiarte por lo que tú crees que debería ser.

Bueno, vamos a dejar la sesión por hoy. Sugiero que de aquí a la semana que viene te dediques a observaros a tu hija y a ti y analizar cómo lo que dice y hace la una influye directamente en lo que diga y haga la otra.

Segunda sesión (extracto)

MADRE DE MARÍA: Te contaré una situación que me ha pasado esta semana con María que me ha dejado preocupada. Seguimos a vueltas con el dichoso episodio de los niños que molestaban a una niña más pequeña, Laura. La profesora de religión les ha hecho hacer un trabajo sobre ello, para que reflexionen un poco. Me enteré porque todos los días repaso los deberes que han hecho mis hijas. Bueno, el caso es que le pregunté a mi hija si había participado en molestar a esa niña. Eso ya es una novedad, porque, cuando recibí la carta del colegio, di por hecho que había participado y le eché la bronca por no portarse bien. Bueno, se lo pregunté y va y me dice: «Si te lo cuento, ¿me vas a castigar?», con esa cara de miedo que me pone siempre. ¿Que qué le contesté? Pues que dependía de lo que hubiera hecho, y que su deber principal era estudiar, pero por lo menos no me ensañé como suelo hacer. Paré a tiempo y le dije: «Bueno, eso ya lo estuvimos hablando hace unos días».

ORIENTADORA: Eso está muy bien, que te hayas dado cuenta de que, por mucho que te ensañes con la niña, si no cambia es porque hay otra razón que mantiene su conducta. También es positivo que le hayas preguntado. Pero, dime, ¿te contó por fin si había participado en aquel juego?

MADRE DE MARÍA: Pues..., no, no me lo contó. Di por hecho que había participado, porque con la pregunta que me hizo, «Si te lo cuento, ¿me vas a castigar?», está claro que lo había hecho.

ORIENTADORA: Pues yo sé lo que pasó y te puedo decir que estás un poco equivocada. María empezó a jugar a molestar a Laura como todos los demás..., bueno, como casi todos, porque su amiga Olaya, y después Carlos, decidieron no participar. Al cabo de un tiempo, convencieron a María para que también se saliera, y estoy segura de que no les costó mucho convencerla... O sea, que participó al principio, pero luego lo dejó.

MADRE DE MARÍA: Vaya, ¿y por qué no me lo ha dicho? Además, no entiendo por qué primero se juntó con la mayoría y luego se apartó. ¿Tiene tan poca personalidad?

ORIENTADORA: Por qué no te lo ha dicho te lo dejo para que lo reflexiones tú como ejercicio del día. Imagínate que te lo dice. ¿Cómo hubieras reaccionado? ¿La hubieras dejado explicarse? ¿La hubieras escuchado con respeto y confianza? Plantéatelo.

El resto de tus preguntas se pueden contestar desde el punto de vista de la asertividad, que ya trabajaremos, y desde el punto de vista de los sentimientos. Porque, ¿qué sentimientos crees que la empujaron a participar, primero, y a salirse y juntarse con los amigos, después? Imagínate que te pasa a ti algo parecido; por ejemplo, la mayoría de tus vecinos actúa en contra de la inquilina del quinto, aunque no sabes bien por qué. ¿Qué sentirías ante esto? Piénsalo un poquito.

MADRE DE MARÍA: Pues con ese ejemplo, yo creo que no sentiría nada especial. Actuaría por inercia, sin pensar, y sí, reconozco que haría lo que hace la mayoría sin planteármelo. Como mi hija, supongo.

ORIENTADORA: Siempre hay un sentimiento, y una convicción, detrás de las cosas que hacemos. Piensa, ¿qué temes que ocurra si no haces lo que hacen todos los vecinos, lo que hace la mayoría?

MADRE DE MARÍA: Hummm... ¡esto es muy difícil! Pues temería que me miraran mal, que pensaran que soy rara o que estoy de parte de la vecina del quinto, sí, eso es, temería el rechazo y el quedar como rara... ¿Quieres decir que por eso mi hija se sumó al grupo?

ORIENTADORA: Pues creo que sí. Además, ¿no le transmites tú cosas que van en esa línea? Por ejemplo, que es importante el qué dirán, la imagen que des, quedar bien ante los demás...

MADRE DE MARÍA: Pues sí... hala, otro tema que me tengo que trabajar. Pero, entonces, ¿por qué dejó al grupo y se fue con Olaya y Carlos? Espera, espera... Me imagino que por lo mismo: le vale más el afecto de sus amigos que quedar bien ante el grupo, y si no hacía lo que hacían sus amigos, estos podían rechazarla o ignorarla, ¿no?

ORIENTADORA: Muy bien, así es con toda probabilidad como se sintió tu hija y explica por qué actuó como lo hizo. ¿A que no pensabas que de ese episodio tan tonto saldría tal riqueza de sentimientos y procesos mentales?

Madre de María: Pues no, desde luego... Lo que ahora me preocupa es que intuyo que ese día mi hija sintió miedo al rechazo, y pienso que quizá lo siente muchas veces..., quizá también..., me cuesta incluso decirlo, a mi rechazo... [*está a punto de echarse a llorar, pero la orientadora la interrumpe*].

ORIENTADORA: Lo que ahora me gustaría resaltar es la palabra «miedo» que has dicho. El miedo es una emoción, y una de las cosas más importantes, el segundo pilar para trabajar la autoestima, es precisamente la **regulación emocional**. El niño que se está formando también tiene que desarrollar una buena relación con sus emociones. No nacemos conociendo nuestras emociones, aunque las tengamos y sintamos, y mucho menos sabiendo cómo manejarlas. Tenemos que aprender a darle un nombre a eso que nos remueve, a aceptarlo y asumirlo como algo que surge de nosotros y tiene su razón de ser y a expresarlo de forma adecuada. Las emociones son muy delicadas y vulnerables, y cualquier daño que se les haga puede suponer un gran dolor. Y por «daño» entendemos negar el sentimiento, minimizarlo o ridiculizarlo, reprimirlo, no dar alternativas para su resolución.

MADRE DE MARÍA: Pero yo creo que a mis dos hijas sí que las ayudo a que se expresen. Les pregunto qué tal en el cole, por qué no han terminado la tarea, si les han gustado las actividades que hacen..., pero las dos son muy inexpresivas en ese sentido, me suelen contestar que «bien» y ahí se acaba la conversación.

ORIENTADORA: Te acabo de pillar en un error. Has dado como explicación a que no te cuentan sus emociones el que ninguna de tus hijas es expresiva. Pues qué casualidad, las dos igual... ¿No será que no encuentran el clima adecuado para exponer sus sentimientos? ¿Que no sienten la suficiente seguridad de que sus emociones no se van a ver dañadas? Recuerda que estamos hablando de algo muy vulnerable. Mira, para que no te sientas culpabilizada, vamos a hacer un pequeño ejercicio. Te presentaré unos breves diálogos entre padres e hijos en los que están en juego las emociones. A ver si puedes señalar qué respuestas son las más adecuadas para que el niño aprenda a manejar bien sus emociones y cuáles bloquean su expresión.

 Hijo: «Vaya película más idiota. Si lo sé, no voy. He perdido toda la tarde cuando podría haber estado en casa jugando. Nunca más iré al cine».

Respuestas:

A. «Pues te lo tienes merecido. ¿No eras tú el que quería ir a toda costa a ver esa película? Pues, hala, asume las consecuencias».

B. «Pues si por esa tontería te enfadas tanto, ¡prepárate para cuando te falle algo más gordo!».

C. «Sí, la verdad es que la película ha sido bastante desastrosa y entiendo que estés frustrado. Yo también lo estaría, después de tener tanta ilusión en verla...».

D. «Tienes razón, qué rabia. ¿Qué podemos hacer para animarnos? ¿Nos vamos a merendar?».

Hija [*llorando*]: «Blanca ya no quiere ser mi amiga. Me ha dicho que Celia es ahora su mejor amiga y que me busque a otra».

Respuestas:

A. «Pues búscate a otra, una niña que te trata así no merece que llores por ella».

B. «¿Que Blanca ya no quiere ser tu amiga? Vaya. Ven, cuéntame qué ha pasado, siéntate aquí conmigo».

C. «Hala, vaya lágrimas de cocodrilo, resérvatelas para cuando haya algo grave de verdad. Llorar por esa tontería...».

D. «¿Y qué te hubiera gustado decirle a Blanca? ¿Qué le dirías ahora, si la tuvieras delante?».

Hɪjo: «¡Ya estoy harto de que me digas siempre lo que tengo que hacer! ¡Lo sé de sobra! ¡Nunca me das la oportunidad de hacerlo bien!».

Respuestas:

A. «Ya veo lo enfadado que estás conmigo y sé que estás harto de que te andemos diciendo lo que tienes que hacer...».

B. «Ven, vamos a hablarlo, porque me estoy enfadando yo también y vamos a terminar tarifando. ¿Por qué dices que nunca...?».

C. «¿Estás loco? ¿Cómo se te ocurre gritarme así? ¡Eres un maleducado!».

D. «Pero ¿por qué te pones así? Mira a tu hermano, tan tranquilo siempre y tú siempre incordiando».

Hɪja: «¡La profesora me tiene manía, es injusta y no la trago! Pero hoy me he vengado, ja, ja, y le he tirado una bomba fétida debajo de la silla».

Respuestas:

A. «Entiendo que te sientas injustamente tratada por esa profesora, pero ¿no hay otras formas de solucionarlo? ¿Qué podrías hacer?».

B. «¡Estás loca! ¿Quieres empezar el curso con mal pie? ¡Mañana mismo vas a la profesora y le pides disculpas, y si no, voy yo!».

C. «Yo también hice algo parecido, porque me sentía injustamente tratada por un profesor, igual que tú, pero no me sirvió de nada».

D. «A una profesora hay que respetarla, deberías tener más consideración con quien te da clases todos los días...».

ORIENTADORA: Bueno, como te habrás dado cuenta, en la pregunta 1, las respuestas A y B bloquean la expresión del sentimiento, mientras que C y D respetan y tienen en cuenta el sentimiento. En la pregunta 2, A y C minimizan el sentimiento, y B y D entran en él y lo toman en su justa medida. En la pregunta 3, C y D culpan al niño por tener ese sentimiento, mientras que A y B intentan entrar a él. Y finalmente, en la pregunta 4, B y D son respuestas muy alejadas de la realidad del niño, mientras que A y C se acercan a este.

MADRE DE MARÍA: Bueno, con algunas respuestas no estoy de acuerdo. En el último ejemplo, la niña se está sintiendo vengativa, enfadada, y yo creo que no debería sentirse así, porque no tiene razón. Además, mira dónde la lleva el sentir esa venganza...

ORIENTADORA: Estás cometiendo un error muy típico: confundir el sentimiento con la conducta y con tener razón. A los pobres sentimientos se les cuelga cada cosa... A ver, un sentimiento no es igual a la conducta: el sentimiento o la emoción está ahí y surge como respuesta a una situación y no es bueno ni malo, simplemente es. Por tanto, no entra aquí la disyuntiva de si un sentimiento tiene razón o no. Siempre que una persona se siente de una forma, tiene razones para sentirse así. Razones que solo a ella le encajan, que pueden estar ligadas a su historia, a la percepción que tiene de las cosas, a la importancia que les da a unas cosas en detrimento de otras y mil razones más. Otra cosa es lo que haga con ese sentimiento: su expresión. Y eso ya es conducta. Con una misma emoción, por ejemplo, la ira, yo puedo gritarle a la persona que la ha provocado, romperle la cara, puedo tragármelo yo sola, o intentar expresarlo de manera asertiva y buscar una solución a mi malestar. ¿Lo ves? El sentimiento siempre es correcto e incuestionable; la interpretación que hagamos de las cosas y la conducta son las que pueden ser cuestionadas.

Y esto es lo que tenemos que enseñar a nuestros niños: a aceptar y respetar sus sentimientos, verlos como válidos y aprender a expresarlos y canalizarlos adecuadamente. ¿Cómo? Te daré unos cuantos consejos:

• Permite y enseña a tu hija a expresar sus sentimientos. Proporciónale un entorno seguro y tiempo suficiente. Que ella vea que le dedicas atención y respeto. Para ello, escucha con atención lo que te cuente, aunque a ti te esté pareciendo una sublime tontería: si a ella la hace sentirse mal, es digno de ser escuchado.

• Para ayudarla a expresar sus sentimientos, ayúdala a ponerle nombre a eso que está sintiendo. Hasta los siete u ocho años, el niño no es capaz de distinguir entre una amplia gama de emociones y solo reconoce el enfado, la alegría y, a veces, la tristeza. A partir de esa edad, poco a poco su gama de sentimientos se va enriqueciendo con nombres nuevos. Ayúdale a encontrar el nombre que define su sentimiento, haciéndole sugerencias: «Me parece que lo que estás es frustrado, ¿verdad?».

• Normaliza sus sentimientos, que tu hija vea que no es la única que se siente así, sino que es un sentimiento frecuente y normal. Para ello es bueno que te pongas como ejemplo: «Yo también me sentiría así». «Yo también me he sentido así alguna vez...».

• Ayúdala a dar volumen a su sentimiento, a sacarlo fuera y desahogarse si es necesario. Para ello, ofrécele diversas formas de expresión y que ella elija la que le venga mejor: puede dibujarlo, describirlo, dar patadas a una almohada, gritarlo... Una buena opción es fantasear con lo que le hubiera gustado decir o hacer si hubiera podido. En este caso, no censures: es solamente un desahogo y eso no significa que vaya a hacer nada de lo que dice.

- Respeta el ritmo del niño: si en el momento que a ti te parece más oportuno, por ejemplo, porque por fin tienes tiempo de atenderla, tu hija no quiere o no puede expresarse, permite que no lo haga. No la fuerces a que hable a toda costa, porque entonces te estarías pasando por el otro lado. Lo que tiene que saber es que vas a estar ahí y vas a intentar atenderla cuando lo necesite. En ocasiones basta con abrazar a tu hijo y permanecer juntos un rato.
- Inhíbete de dar consejos precipitados. A veces, los sentimientos que expresan los niños se nos hacen incómodos a los padres, bien porque van en contra nuestra, bien porque nos asusta su expresión y no sabemos qué hacer con ello. En estos casos tendemos a querer poner fin a ese malestar proponiendo soluciones rápidamente. Pero la mayoría de las veces será mucho más efectivo mantener una actitud de cercanía y ayudar al niño a definir qué le pasa y aceptarlo.
- Si la expresión de sus emociones no es adecuada socialmente —gritos, llantos desmesurados, portazos, etc.—, ofrécele salir un momento de la situación: ir a otra habitación y, allí, desahogarse hasta que esté tranquila y pueda hablar, o salir a la calle un rato, ir a la cocina y beber un vaso de agua... lo que sea con tal de que a tu hija le quede claro que respetamos sus sentimientos y queremos atenderlos, pero así no. La actitud debería ser de esperar a que se le pase, pero sin molestar a los demás.
- Una vez que haya expresado, de la manera que mejor le sirva, sus emociones, podemos ayudarle a encontrar una solución a la situación que le ha provocado esas emocio-

nes, pero, ojo, no es conveniente aportarle nuestras soluciones. Lo ideal sería ayudarla a encontrar la solución por sí misma a base de preguntas: «¿Qué crees que se podría hacer?», «¿Cómo podríamos solucionarlo?». Cuando se les pregunta por una posible solución, lo primero que se les suele ocurrir a los niños son remedios mágicos o imposibles de realizar —«Que la profesora no vuelva nunca más»—. Pero a partir de ahí podemos ir aportándole sugerencias que ayuden a encontrar una solución más realista. Tendremos que dejarnos guiar por el niño: él es el que mejor sabe qué solución le encaja más. Muchas veces te encontrarás que a la hora de ponerte a buscar una solución, tu hija ya no la necesitará, ya que, gracias al desahogo y la posibilidad de expresarla, su emoción se ha diluido y recolocado en su interior.

• Por último, no te olvides de lo que decía antes: sentimiento no es igual a conducta. Las conductas las podemos censurar, limitar, castigar incluso, pero al sentimiento que hay detrás, jamás.

Para fomentar la aceptación de los sentimientos es bueno reforzar su expresión, jamás debemos censurar ni castigar un sentimiento.

MADRE DE MARÍA: Pero tampoco veo que haya tantas emociones. Cotidianamente, lo que más surge es enfado y alegría, alguna vez tristeza, y poco más.

ORIENTADORA: Hay un sentimiento muy importante y muy frecuente que raras veces se trata, y menos en un niño: la frustración. Algo nos hacía mucha ilusión, o teníamos las expectativas muy altas puestas en su cumplimiento... y se chafa.

Muchas veces las cosas no salen como teníamos previsto, o salen en parte, o algo se interpone para que la consecución de nuestro objetivo se demore. Es fácil hablar de frustraciones cuando contemplamos una situación desde la distancia, pero muy difícil reconocerlas en el instante. Cuando algo nos frustra, solemos tirarnos de cabeza a la emoción, y así surgen grandes iras, desesperaciones, culpabilizaciones... cuando lo que en realidad nos pasa es que estamos muy frustrados. ¿Recuerdas alguna frustración que hayas tenido?

MADRE DE MARÍA: Hummm, pues creo que no..., así, grandes frustraciones, no.

ORIENTADORA: ¿Ves? Estoy segura de que has tenido varias frustraciones últimamente, has reaccionado de manera diferente ante cada una de ellas, pero no las has reconocido como tales. Mira, toda esta historia que te ha hecho venir aquí es una gran frustración: creías que les estabas haciendo un bien a tus hijas y resulta que María da muestras de sentirse mal. ¿Cómo lo has reflejado? Con culpa, sintiéndote mal contigo misma. Pero luego has reaccionado y te has puesto manos a la obra para cambiar. Este es el correcto tratamiento de una frustración: permitirnos un tiempo de pesar, tristeza, incluso culpa, para luego reestructurar nuestros esquemas y aprender nuevas pautas de conducta.

Pero cuando has regañado tanto a tu hija por la carta del cole respecto al juego de molestar a Laura, también te has frustrado tremendamente: las expectativas que tienes puestas en ella, tu ilusión de que supere lo que tú sientes que no has superado se han visto truncadas por un momento. Y has reaccionado con ira, regañándola y culpándola a ella. Las dos emociones que van ligadas a la frustración son la ira y la culpa, ya sea hacia el exterior o hacia nosotros mismos.

MADRE DE MARÍA: Pues no se me había ocurrido verlo desde ese punto de vista...

ORIENTADORA: Educar para saber afrontar frustraciones es muy importante. Igual que tú no te habías parado a pensar que aquella ira fuera en el fondo una frustración, los niños andan más despistados todavía al respecto. Y es vital que aprendan a manejar sus frustraciones, ya que de la correcta superación de sus frustraciones dependerá el estilo de vida y la actitud que llevarán, cómo afrontarán las cosas e incluso el concepto que tendrán de sí mismos.

MADRE DE MARÍA: ¿Y cómo les enseño a superar frustraciones?

ORIENTADORA: Básicamente, se pueden aplicar los mismos consejos que decíamos para todos los sentimientos en general, solo que aquí son muy importantes dos cosas:

- *Darle nombre.* No tengamos reparo en introducir una palabra difícil en el vocabulario del niño. Calificando rabietas, desesperaciones, llantos desconsolados como «frustraciones», lo ayudamos a encontrar un apoyo, le estamos dando forma y, por lo tanto, posibilidad de control a un sentimiento que, si no, queda diluido y amenazante.
- *Permitir su expresión.* Las frustraciones hay que llorarlas. Para poder «superar» un sentimiento de frustración, tenemos que permitir que el niño —y nosotros— se desahogue, llore, se desespere..., siempre dentro de los límites de la convivencia, como hemos dicho. Si la manera de expresar su frustración no es correcta, tendremos que enseñarle a utilizar otra forma más adecuada, pero nunca reprimirla o negarla. Es después de haberla «llorado» cuando podemos llegar, nosotros solos, a una solución o a un cambio de esquemas, igual que te ha ocurrido a ti. En el caso del

niño, podemos ayudarlo un poco a ese cambio, proponiendo soluciones, pero tiene que ser él quien elija cuál va a utilizar.

Bueno, creo que hoy vas bien surtida de cosas nuevas ¿verdad? Descansa y cuídate. La próxima vez seguiremos hablando.

Tercera sesión

ORIENTADORA: ¿Has hecho el registro de conductas y actitudes positivas que te di la primera vez que nos vimos?

MADRE DE MARÍA: Sí, míralo, aquí lo tengo. Ya, no me mires así, lo sé: mi hija tiene cantidad de conductas positivas y es un encanto de niña y yo no me he dado cuenta hasta ahora. Tienes razón.

ORIENTADORA: Bueno, entonces no hace falta que diga nada respecto a lo de valorar lo positivo, etc. Pero sí te plantearé una pregunta: ¿tu hija sabe que valoras esas cosas positivas que tiene? Es más, ¿crees que tu hija sabe que tiene esas cosas positivas?

MADRE DE MARÍA: Hummm, pues..., supongo. Bueno, yo creo que esas cosas se saben, ¿no?, y no hace falta decirlas constantemente. Además, me he cuidado mucho de que ninguna de las dos saliera creída, a ver si con las notas que sacan se van a creer que son más que los demás y se relajan.

ORIENTADORA: Bueno, acabas de expresar en dos frases lo que, por desgracia, piensa la mayoría de la gente: que los niños nacen sabiendo cuáles son sus puntos positivos y que, si se les alaba demasiado, se volverán engreídos. ¡Pues no! Ninguna de las dos cosas es verdad. Los niños, te recuerdo, nacen sin saber y con solo unas necesidades que cubrir, y somos nosotros, los padres y educadores, quienes tenemos que enseñarlos a valorar lo bueno que tienen y son. ¿Cómo? Con nuestro cariño y aceptación incondicionales y, más práctico, reforzándolos. Aquí la palabra «refuerzo» se puede aplicar en su doble sentido: ¿qué haces cuando una mesa está a punto de romperse? La refuerzas, le pones remaches para que se tenga en pie. Por lo mismo, el niño necesita que se le refuerce constantemente para asegurar su autoestima. Y no temas que se vuelva creída: en mis casi veinticinco años de experiencia terapéutica, no ha venido a la consulta ningún paciente porque en su infancia haya sido alabado demasiado, más bien todo lo contrario.

MADRE DE MARÍA: Me parece que hoy me vas a hablar sobre el tema de las normas y la disciplina, ¿no? Ese es el tercer pilar. Porque quien habla de refuerzos, tendrá que hablar de castigos. ¡O me vas a decir que no debemos castigar a los niños!

ORIENTADORA: Ya me gustaría que pudiera ser así, pero reconozco que hay momentos en los que hay que castigarlos. Yo tengo tres y he pasado por todas las fases de desesperación que te puedas imaginar. Sin embargo, ten en cuenta que un castigo sin más no suele responsabilizar al niño de lo que ha hecho, con lo cual, es muy probable que vuelva a cometer la conducta errónea. Sobre todo si el castigo va acompañado o consiste en culpabilizaciones, negaciones del niño, desprecios o abuso de poder por parte de los padres, el niño se perderá en el impacto emocional que le haya causado el castigo y la razón por la que se le ha castigado quedará en segundo lugar. Recuerda:

Educar es responsabilizar al niño de sus actos, no culparlo.

MADRE DE MARÍA: Pero ¿dónde está la diferencia? Ponme un ejemplo.

ORIENTADORA: Bien, imagínate que tu hija ha cometido un error en el colegio, se ha portado mal en clase y la profesora la ha recriminado. ¿Qué le dirías?

MADRE DE MARÍA: A ver, intentaré ser sincera, porque si no, no tiene sentido, ¿verdad? Pues le diría: «No sé lo que te pasa últimamente, que estás muy rebelde. ¿No te das cuenta de que te estás jugando el futuro? Me has decepcionado, no esperaba eso de ti...». ¡Uy, qué fuerte me está sonando!

ORIENTADORA: En efecto, es fuerte. Así tal vez logres que se sienta muy culpable y no aceptada por ti. De paso, puede que se esfuerce más en el colegio, con lo cual habrás conseguido tu objetivo, pero a costa de mermar su autoestima y producirle un dolor del que sola no sabrá salir. ¿Crees que vale la pena?

MADRE DE MARÍA: Pues claro que no, pero ¿qué hago entonces?

ORIENTADORA: Mira, con lo que me has contado, veo que has cometido una serie de errores, muy comunes por cierto, algunos de los cuales vienen de hace tiempo: en primer lugar, solo te fijas en lo negativo y no refuerzas lo suficiente los rasgos positivos de tu hija; en segundo lugar, ¿tienes claro lo que le puedes pedir a tu hija y lo que, simplemente, no es realista a su edad?, y por último, creo que no has establecido unas **normas** claras, de forma que tu hija está despistada respecto a lo que tiene que hacer y lo que no y va dando palos de ciego para agradarte. Solo sabe una cosa: que parece que nunca consigue satisfacerte del todo.

MADRE DE MARÍA: ¿Normas? Yo creía que en mi casa estaban claras...

ORIENTADORA: Por un lado, algunas son demasiado rígidas y exigentes, y por otro, solo está claro lo que no te gusta que haga, no lo que te gusta.

MADRE DE MARÍA: Visto así...

ORIENTADORA: Nunca me cansaré de repetir lo importante que es que los niños tengan claros unos límites y unas normas para desarrollar una autoestima sana. Es vital. Si sienten que en su casa hay cosas claras que no se pueden hacer y cosas que está muy bien hacer, y además, ven que todos funcionan por las mismas normas, sabrán ponerse límites a sí mismos, sabrán autocontrolarse mejor y, sobre todo, sabrán poner límites a los demás. Pero para ello tienen que haber visto las normas como razonables, no como algo lejano impuesto a la fuerza y que no comulga con ellos. Te resumo cómo lograr eso:

- Las normas tienen que ser realistas, responder al nivel de edad y madurez del niño. No podemos pedir que un niño de cuatro años se esté quieto en una silla durante una hora, ni que uno de diez vigile a su hermano pequeño durante un día estando solos en casa. Hay numerosos libros que describen lo que son capaces de hacer y cuáles son las características de los niños en cada tramo de edad, te sugiero que consultes alguno.
- Las normas tienen que estar claras para el niño. No vale eso de «tú hazme caso y cállate» o «si fueras obediente, ya sabrías qué hacer». No. El niño necesita, como todos nosotros, por cierto, que se le explique claramente qué conductas concretas debe tener y cuáles no son buenas. Por ejemplo, podemos explicarle que «portarse bien cuando viene una visita» significa saludar, contestar a las preguntas que haga la otra persona, irse cuando se lo indiquemos, no interrumpir, sino pedir permiso para hablar, etc.
- No es bueno que haya demasiadas normas: deberían ser

pocas, pero claras y concretas. No llenemos la cabeza del niño con «esto no», «esto tampoco», de modo que no pueda sacar un denominador común.

- Muy importante: tenemos que conseguir que el niño interiorice las normas, no que las obedezca para que no nos enfademos. Para ello, tenemos que, por un lado, distinguir entre aquellas normas que tienen que ser cumplidas a rajatabla y son innegociables, por ejemplo, que haga los deberes o se lave los dientes, y aquellas que, aun siendo importantes, admiten excepciones, por ejemplo, la hora de irse a dormir, dependiendo de si estamos de vacaciones o no; dejar la habitación ordenada, etc. Es bueno que negociemos con el niño y que este nos proponga excepciones a nuestras reglas, porque así promovemos que reflexione sobre ellas. Y de vez en cuando, cuando nos parezca razonable, podemos ceder. Será bueno para su autoestima.

Madre de María: Bueno, esto que dices es muy interesante en teoría, pero luego, en la práctica, la cosa no es tan fácil. Los niños te discuten todo, intentan escaquearse de sus obligaciones, incluso te engañan... y entonces ¿qué haces?

Orientadora: Claro que no es fácil. Los niños cumplen con su obligación de niños, que es ir aprendiendo a tener criterio propio, formarse una opinión de las cosas, contrastarla, y sentirse bien consigo mismos; ver que se han salido con la suya también es autoestima, igual que lo hacemos los adultos. Por eso es tan importante qué método disciplinario aplicar. A mano tenemos lo que parece más fácil: desde castigar, reprochar, regañar sin más, hasta culpabilizar y maltratar al niño. Si aplicamos esto de manera sistemática, podemos estar seguros de que obedecerá; pero no se habrá responsabilizado del problema y, además, verá seriamente mermada su autoestima.

Lo mejor es:

- Aplicar mucho el refuerzo. Igual que en el ejercicio que te di en la primera sesión tenías que estar ojo avizor para distinguir las conductas buenas, ahora podrías dar un paso más: decírselo a tu hija cada vez que haga algo bien. Recuerda que se aprende más por refuerzo que por castigo. Refuérzala, pues, alábala y dale a entender que estás orgullosa de ella cuando haga algo bien; verás cómo tenderá a querer repetir la misma conducta.

- Si hay que aplicar castigo, aplicar el «castigo por consecuencias»; si tu hija se ha despistado y no ha ordenado su habitación, que la ordene mañana antes de ponerse a hacer cualquier otra cosa; eso es mucho más efectivo que regañarla y soltarle grandes moralinas.

- Prevé situaciones. Hay momentos que podemos anticipar que van a ser especialmente difíciles para el niño en los que es probable que incumpla alguna norma. Por ejemplo, si es un niño muy inquieto y vamos a hacer un viaje largo, o si tiene cinco actividades en una tarde y estará cansado para ordenar su habitación. En estos casos podemos anticiparnos, facilitar las cosas para que el incumplimiento sea lo menos tenso posible. Por ejemplo, comprarle algo nuevo que le distraiga para el viaje, o perdonarle por ese día el ordenar o acordar con él ordenar ese día solo lo imprescindible. Siempre dentro del marco de procurar que se cumplan las normas que hemos puesto, seamos amables y comprensivos con nuestros hijos.

- Comparte la norma con tu hija. Razónasela —para eso, tienes que haberla razonado tú previamente—, explícale con pocas palabras por qué es importante que la cumpla. Eso lo puedes hacer aprovechando que la está cumpliendo («Qué bien, te has lavado los dientes sin que te lo tuviera que decir. Así conseguirás no tener caries») o que no la está cumpliendo («Como has llegado más tarde de la hora que habíamos dicho, ya no nos da tiempo a comprar tu cuaderno»). Permite que te discuta la norma y no abortes sus protestas con un «se hace porque yo lo digo». Por supuesto, hay un punto en el que no hay negociación posible y también hay que cortar en un momento dado toda la sarta de «porqués» que puede llegar a soltar un niño, pero no abortemos desde el principio el lógico cuestionamiento de nuestras normas.

MADRE DE MARÍA: Me has dejado preocupada antes cuando has dicho que culpándola le hago daño. Es que no me doy ni cuenta de si la culpo y tampoco me parecía que fuera tan terrible, la verdad.

ORIENTADORA: Seguramente, porque a ti también te educaron utilizando la culpa como arma arrojadiza... Mira, hay tres formas de educar en lo que se refiere a la autoestima: los hay que ponen especial énfasis en este tema y se preocupan por hacer todas estas cosas que estamos diciendo; los hay, y son la mayoría, que simplemente no la fomentan, pero tampoco la destrozan; y otra cosa es el maltrato activo, el que derrumba la autoestima del niño cuando esta no ha tenido todavía oportunidad de formarse.

En la siguiente tabla, la psicóloga Pepa Horno nos muestra de forma clara la diferencia entre un tipo de castigo violento, que hunde la autoestima del niño, y un tipo de castigo constructivo, que le ayuda a aprender:

CASTIGO VIOLENTO	CASTIGO CONSTRUCTIVO
Cuestiona la dignidad de la persona, no su conducta.	Cuestiona la conducta, nunca la dignidad de la persona.
No ofrece el aprendizaje de una conducta alternativa.	Ofrece siempre el aprendizaje de una conducta alternativa.
No es proporcional ni a veces relacionado con la conducta equivocada que se pretende corregir.	Siempre es una sanción proporcional y relacionada con la conducta a corregir.
Produce miedo y sumisión, no aprendizaje.	Produce un aprendizaje en el niño.
Es rápido y fácil, no requiere tiempo para planificarlo.	Requiere tiempo para planificarlo e imponerlo.
Nunca contempla la participación del niño en la sanción.	El niño participa tanto como es posible, a veces se acuerda la sanción o al menos se le informa de las normas y se le explica el porqué del castigo.
Enseña al niño que las personas que han de quererle y protegerle le hieren y que las personas que tienen autoridad pueden abusar de ella.	Enseña al niño que las acciones equivocadas conllevan consecuencias, que puede hacer las cosas de un modo mejor o diferente y que, por muy errónea que sea la conducta, el amor de los que le cuidan nunca será cuestionado.

Procuro esforzarme mucho porque para mis padres es más importante el esfuerzo que el resultado.

ANA (ocho años)

Cuarta sesión

ORIENTADORA: Hoy hablaremos del penúltimo punto de la famosa hoja que te di, el de los **valores**.

MADRE DE MARÍA: Sí, y no sé muy bien a qué te refieres con eso.

ORIENTADORA: Pues, mira, vamos a ver un ejemplo. Cuéntame alguna vez en la que hayas regañado a María hace poco. Busca una situación en la que te hayas sentido especialmente enfadada, ofendida como madre, iracunda...

MADRE DE MARÍA: Pues no hace falta que piense mucho. Llevo un tiempo cabreada con ella. La veo distraída, se porta peor, siempre pegada a la pandilla esa que han formado. A ver, que te cuente un ejemplo..., pues sí, mira, hace poco ¡llegó con una nota de la profesora! Otros niños estarán acostumbrados, pero María era la primera vez que venía con eso. En la nota ponía que la profesora se había visto obligada a separarla de sus amigos en clase porque armaban demasiado jaleo. ¡No veas cómo me puse!

ORIENTADORA: ¿Por qué?

MADRE DE MARÍA: Pues porque, para mí, es inadmisible que una niña como María, con todo el esfuerzo que he puesto, siempre pendiente de sus estudios, sus progresos, ahora me venga con notas de la profesora, como una niña desatendida, como si no estuviera pendiente de ella.

ORIENTADORA: ¿Por qué es tan terrible para ti recibir una nota de amonestación de tu hija? Podrías haberte enfadado con ella, pero no llevarlo al terreno de la desesperación. ¿Qué ha hecho que fuera un drama para ti?

MADRE DE MARÍA: Pues eso, que me cuestiona a mí como madre, porque creo que con todo lo que le doy, debería...

ORIENTADORA: ¡Bingo! Acabamos de chocar con un valor, y uno insano, además.

MADRE DE MARÍA: ¿Que qué? ¿Un valor insano?

ORIENTADORA: Los valores son esas máximas vitales que tenemos todos, los ideales por los que nos movemos. Cuando calificamos algo como un éxito o un fracaso, estamos evaluando según un patrón más elevado que la simple conducta: ese es el valor. Un valor puede ser: «Hay que ayudar a los demás» o «El esfuerzo es más importante que el resultado», pero también: «Tú eres el primero. Tienes que ganar siempre». Es decir, los valores no tienen signo. Responden a una moralidad, pero cada uno tiene la suya.

Lo que sí tienen todos en común es que pueden ser «sanos para la persona» o «insanos para la persona». Los valores sanos son los que te hacen sentir bien contigo misma si los cumples, plena e íntegramente, pero que también admiten excepciones si no los cumples alguna vez. Dos personas pueden tener formulado un mismo valor, por ejemplo «Hay que ayudar a los demás», de forma sana o insana. La persona de mayor autoestima estará convencida de la razón de ese valor, te lo podrá discutir y defender con argumentos, y se sentirá muy bien consigo misma cuando pueda ayudar a alguien. Eso le afianzará la autoestima. Pero, paradójicamente, será flexible consigo misma y, si en algún momento o circunstancia no puede ayudar a alguien que lo necesite, se lo perdonará. Si está enferma en cama, o no tiene tiempo o necesita la energía para algo más importante, interpretará que se encuentra en un estado transitorio en el que no puede cumplir el valor, porque confiará en sí misma, sabrá que, por una vez, o dos o tres, que no pueda consumar el valor, ella no deja de tener valía como persona.

La persona que posea el valor «Hay que ayudar a los demás» de forma insana será, como te imaginarás, una persona con baja autoestima, que no se habrá planteado mucho por qué «hay que ayudar a los demás», sino que sus respuestas serán «porque es así», «porque es mejor», «porque lo dice la doctrina X». Si ayuda a alguien puede sentirse bien, pero poco después le vendrá a la mente el «sí, pero podrías haberlo hecho mejor», es decir, su valor no le sirve para sentirse bien consigo misma, sino que la estresa. Y, finalmente, el valor insano no le permitirá hacer excepciones: suelen ser rígidos y exigentes en exceso. Si la persona, por la razón que sea, no puede ayudar a alguien en un momento dado, se sentirá hundida, con remordimientos que harán que se sienta mala persona o culpable. Los valores sanos están conectados con la confianza y la sensación de valía; los insanos, con la exigencia y la culpa.

Madre de María: Bueno, vaya parrafada. Esto es muy profundo... Además, ¿qué tiene que ver eso con mi hija y mi manera de educarla?

Orientadora: Pues que los valores y el modo de llevarlos se educan, precisamente; uno no nace con los valores ya puestos de forma sana o insana. Somos los padres los que, con nuestra actitud y nuestro ejemplo, enseñamos a los niños qué valores tener y cómo llevarlos, si de forma sana o de forma insana.

Madre de María: Bueno, pero primero tendré que tener claro si mis valores son sanos o no, porque si, como dices, educamos en buena parte con nuestro ejemplo, si yo me trato mal a mí misma y me exijo demasiado —cosa que es verdad—, no sabré cómo transmitírselo a mis hijas de manera sana.

Orientadora: Muy buena reflexión, sí. Para ello, te propondré un ejercicio que evalúa un poco ambas cosas: cómo vives tú tus valores y cómo se los transmites a tus hijas:

(Entre corchetes, las respuestas de la madre de María).

1. Haz un recuento de cuáles son tus valores principales. Para ello, completa las siguientes frases:

- «El mundo debería... [ser más justo]».
- «Si la gente fuera más... [trabajadora] todo iría mejor».
- «Yo lucho por... [sacar adelante a mis hijas]».
- «Me siento bien conmigo misma cuando... [los demás me aceptan y valoran]».
- «Me siento mal conmigo misma cuando... [se me desprecia o ignora]».
- «Siento que he tenido éxito cuando... [se me ha considerado en una reunión]».
- «Siento que he fracasado cuando... [se desprecia mi nivel cultural]».

2. ¿Crees que posees tus valores de forma sana o insana?

Si los posees de forma sana:

- Estás profundamente convencido de ellos.
- Te hacen sentir bien contigo mismo. Los tienes formulados como decisiones (quiero..., me gusta...).
- Te tratas con flexibilidad y confianza respecto a su cumplimiento.

Si los posees de forma insana:

- Los tienes introyectados, es decir, los has hecho tuyos por seguir una norma o a tus padres, pero sin razonarte el porqué.
- Te hacen sentir que siempre te falta algo para cumplirlos del todo.
- Los tienes formulados como exigencias (debería..., hay que...).

- Te tratas con dureza y severidad respecto a su cumplimiento. Tienes demasiado miedo a relajarte en ese sentido.

[Los poseo de forma bastante insana, porque me siento culpable muchas veces y me exijo demasiado. Siempre estoy en tensión].

3. ¿Qué valores quieres transmitirles a tus hijos? Normalmente, se parecen de forma sospechosa a los de los padres, pero contesta a esta pregunta:

– ¿Cuándo me siento exitosa respecto a algo que haya hecho mi hijo? [Cuando van bien en los estudios o veo que no plantean problemas].

– ¿Cuándo me considero fracasado como padre o madre respecto a algo que haya hecho mi hijo? [Cuando se porta mal o saca malas notas —menos que un ocho— en el colegio].

4. Tal y como tenemos asimilados los valores, así se los transmitiremos a los niños.

5. ¿Cómo le transmites a tu hijo aquellos valores que son más importantes para ti? Cuando ves que ha transgredido algún valor que para ti es fundamental, ¿qué haces?

¿Haces que se sienta culpable? [Sí].

¿Le etiquetas de alguna forma? Como «Eres un...». [Sí. Les llamo desastres, inconscientes, irresponsables...].

¿La tratas con desprecio? [No].

¿Analizas con ella qué ha pasado? [Sí, pero con reproches].

¿Le regañas, pero demostrando que confías en él? [No].

Cuando tu hijo cumple algún valor que es fundamental para ti:

¿Le alabas? [No].
¿Lo dejas pasar porque «es su obligación»? [Sí].
¿Dedicas tiempo a hablar sobre ese valor? [No].
¿Le recuerdas las veces que no ha cumplido ese valor? [No].

ORIENTADORA: Vamos a repasar lo que has puesto.

MADRE DE MARÍA: Buf, no, déjalo, ya me doy cuenta: no la alabo lo suficiente, soy demasiado severa, la machaco, la...

ORIENTADORA: Bueno, pero ahora no te machaques tú, porque eso sí que no te llevará a ninguna parte. Piensa mejor cómo puedes cambiar eso.

La educación en valores es mucho más importante de lo que se cree, ya que estos están muy unidos a lo emocional. ¿Por qué, si no, nos duelen tanto los fracasos? Por lo mismo, cuando sentimos que hemos triunfado en algo, nos sentimos plenos, completos, realizados. Por ello, transmitir nuestros valores a los niños pasa por los sentimientos y estos, como decíamos, son muy vulnerables. Intentando imponer un valor a la fuerza podemos hacer mucho daño al niño. Por el contrario, si le enseñamos a quererse por ver que va cumpliendo sus objetivos vitales desarrollará unas emociones positivas irreemplazables.

¿Cómo transmitir un valor? Reforzando mucho cada vez que el niño emita una conducta que vaya en la dirección del valor y hablándole de ese valor. No es necesario soltarle parrafadas o moralinas teóricas, eso más bien es contraproducente, basta con una frase como: «Muy bien, veo que has estudiado en vez de ir a jugar al fútbol, ya verás cómo sacarás una buena nota». Igual que ocurre con los sentimientos, los valores se instauran correctamente reforzando los que nos gustan, nunca castigando los que no nos gustan.

En la encuesta que hicimos a los niños, se veía muy claro cuándo los padres habían intervenido para fomentar valores de forma positiva. Una niña contestó a la pregunta: «¿Por qué crees que tus padres te quieren?» con: «Porque ven que me esfuerzo, y el esfuerzo es más importante que el resultado». Otra, ante la pregunta: «¿Por qué te has puesto esa puntuación (alta) en autoestima?», respondió: «Porque ayudo mucho a los demás y no soy nada egoísta». Son valores expresados de forma sana.

MADRE DE MARÍA: Bueno, en el ejercicio que he hecho antes, al final ya das consejos bastante claros sobre cómo educar bien los valores...

ORIENTADORA: Sí, y te los resumo:

Qué hacer:

- Reforzar-alabar, atender, siempre que el niño emita una conducta que corresponda a un valor que queremos que tenga.
- Transmitirle el valor siempre que podamos, pero utilizando su lenguaje y siendo breves.
- Ser modelos de nuestros propios valores: predicar con el ejemplo, contar opiniones nuestras que conlleven nuestros valores, estar abiertos a dialogar con el niño sobre nuestros valores.
- Ser flexibles con el cumplimiento del valor: admitir excepciones, cumplimientos parciales, errores..., y hablarlos siempre.

Qué no hacer:

- Castigar al niño cuando transgrede un valor fundamental para nosotros, haciéndole sentirse mal consigo mismo: culpándole, tachándole de algo negativo, haciéndole chantaje emocional... o ignorar las veces que cumple con nuestro valor, con el argumento de que «es su obligación» o «es lo normal».
- Minimizar los éxitos del niño en este sentido, diciéndole que «es lo que debería hacer siempre» o recordándole las muchas veces que no cumple el valor.
- Negarse a dialogar sobre el valor, utilizando argumentos como «esto es así», «es porque lo digo yo», «hay que hacerlo y punto».
- Mostrarse intransigente respecto al cumplimiento del valor y no admitir ninguna excepción ni imperfección. Caer en un «o todo o nada».

MADRE DE MARÍA: Bueno, ahora sí que debería haberme quedado claro todo lo que he hecho mal y lo que puedo hacer bien. Es más, debería poder...

ORIENTADORA: Lo primero que «deberías» hacer es no estar tan llena de «deberías». Deja ya los listones inalcanzables, porque estos solo te harán sentirte mal. Te lo digo ya desde ahora: nunca los alcanzarás. En vez de eso, piensa en el siguiente paso que puedes dar, piensa en lo que te ha resultado más comprensible de lo que hemos hablado y empieza por ahí. No tienes que conquistar el Everest en eso de educar en autoestima, y cuanto más amablemente te trates a ti misma, mejor se lo transmitirás a tu hija. Recuerda que somos modelos para nuestros niños.

PARA RECORDAR

Antes de hablar de estrategias concretas, conviene recordar los principios básicos para educar para la autoestima:

- Responsabilidad respecto al niño y su desarrollo.
- Vínculo afectivo inquebrantable entre el niño y sus padres.
- Amor incondicional y respeto hacia el niño.
- Necesidad de comprometerse en la educación. El niño no tiene ninguna obligación afectiva respecto a sus padres.

Qué NO hacer:

Desatender las dos necesidades básicas: la de seguridad-pertenencia y la de afecto-reconocimiento. Pero el exceso de atención a estas necesidades tampoco hace un favor al niño, ya que entonces no le permitimos desarrollarse en autonomía y desarrollar una seguridad en sí mismo.

Qué SÍ hacer:

Tener en cuenta los cuatro pilares de la autoestima:

✓ **Aceptación:** Confianza -Respeto- Incondicionalidad -Autonomía

✓ **Regulación de las emociones**

✓ **Límites adecuados.**

✓ **Educación en valores.**

7

La comunicación

Óscar llega a casa contento y acalorado.

—Mamá, la profesora ha puesto el cuadro que pinté en el salón de actos y dice que lo quiere mandar a un concurso de pintura.

La madre responde:

—Pues ya podrías ser igual de bueno en matemáticas...

Carlos comenta a la hora de cenar:

—Buf, hoy me parecía que se me salía el corazón al correr. ¡Pero gané la carrera!

—Hijo, ten cuidado —responde su madre—, no te vayas a acalorar demasiado.

A petición de la profesora, Olaya ha llevado al colegio su colección de minerales. Al llegar a casa, cuenta:

—¡He sido la única que ha llevado una colección tan completa!

A lo que el padre responde:

—¿Y la has vuelto a traer completa o has perdido algo, como siempre?

—Hoy nos hemos reído mucho con los chistes que ha contado Juan en clase —explica María durante la comida.

—Tú a lo tuyo —contesta su madre—, no te distraigas y estudia.

¿De qué estamos hablando? De jarros de agua fría lanzados «porque sí» sobre los niños. No se estaban portando mal, no había necesidad de recriminarlos, pero siempre nos sentimos en la obligación de tener que recordar, corregir, educar...

¿Alguien se ha planteado cómo se sienten los niños cuando les lanzamos esos jarros de agua fría? No es nada trágico, nadie va a tener un trauma porque sus padres le contesten así, pero tú, lector adulto, ¿no te sentirías frustrado? Te hacía tanta ilusión comentar ese tema tan bueno que te ha ocurrido, estabas tan orgulloso de ti..., y con una frase te lo tiran por la borda. ¿Por qué, entonces, lo hacemos con nuestros niños? ¿Qué sentido tiene frustrarles en sus ilusiones una y otra vez, con la eterna obligación de educar y corregir?

Juego de emparejar situaciones

En primer lugar, contesta a las siguientes preguntas:

1. Acabas de terminar un informe muy complicado, y llamas un momento a tu madre para ver cómo se encuentra. Tu jefe se acerca y te dice en muy mal tono: «¿Qué haces de charleta con todo lo que hay que hacer? ¿Es que no sabes priorizar? No te mereces el sueldo que tienes».

¿Cómo te sentirías? Escribe tres palabras que definan tu sensación/emoción.

2. Tu pareja y tú queréis salir a pasear. Pero antes quieres dejar la cocina ordenada. Tu pareja grita, agitando los brazos:

«¿Cómo que ordenar la cocina? Vaya tontería ponerse ahora a ordenar».

¿Cómo te sentirías? Escribe tres palabras que definan tu sensación/emoción.

3. Has suspendido un examen por tercera vez. Para la siguiente convocatoria, no le dices a nadie que te vuelves a presentar. Al enterarse, un amigo te tacha de mal amigo, desconfiado y egoísta por no haberle contado nada.

¿Cómo te sentirías? Escribe tres palabras que definan tu sensación/emoción.

A. El hijo, que tiene dificultades con el inglés, no pregunta las dudas a su madre al preparar un examen. La madre comenta: «Es un pasota y un vago, y luego me miente fingiendo que está preocupado...».

¿Cómo crees que se sentirá el niño? Escribe tres palabras que definan su sensación/emoción.

B. La hija se echa a llorar cuando su padre le apaga el videojuego porque van a cenar. El padre le espeta: «¿Terminar el juego? Esta niña es tonta. Mira la importancia que le da a este juego...».

¿Cómo crees que se sentirá la niña? Escribe tres palabras que definan su sensación/emoción.

C. Lara ha terminado de hacer los deberes y está tranquilamente viendo la tele. La madre llega a casa y le dice: «¿No te das cuenta de que así vas a suspender? No esperaba esto de ti, me has defraudado».

¿Cómo crees que se sentirá la niña? Escribe tres palabras que definan su sensación/emoción.

Ahora mira con cuál de estas tres situaciones emparejarías las tres anteriores. ¿Coinciden las sensaciones/emociones?*

---

* Respuestas correctas: (1-C / 2-B / 3-A).

Los que hemos descrito al principio del capítulo son solo algunos de los «pecados» que podemos cometer con el lenguaje. Serían los errores de contenido, de forma y de forma no verbal.

ERRORES EN EL CONTENIDO DE LO QUE DECIMOS

Cometemos este error cuando:

- Utilizamos mensajes que deslegitiman al niño, le quitan credibilidad: «No te creo, estás mintiendo». «No pienses, para pensar ya estoy yo». «Tú no estás cansado, lo que pasa es que eres un vago».
- Nuestra respuesta se desvía del mensaje positivo que nos quería transmitir el niño y se centra en la cara negativa del tema: «¿Un 10 en dibujo? Ya podrías sacar lo mismo en matemáticas».
- Lo que aconsejamos se apoya en normas rígidas, sin explicación ni posibilidad de cuestionarlas o negociarlas: «Esto es así porque lo digo yo». «Un buen hijo sabe lo que hay que hacer».

Mención aparte merece el trato que dispensemos a las **emociones**. En el capítulo 6 ya hablamos largo y tendido sobre este tema. Baste con recordar que las emociones son —o deberían ser— nuestra «guía», el detector que tenemos instalado en el cuerpo para saber cómo manejarnos en la vida. Los niños tienen que aprender a escucharse, respetarse, validar lo que sienten... ¡Pero cuántas veces ninguneamos, ignoramos o rechazamos sus emociones en nuestra comunicación con ellos!

En clase de Ética están hablando de las emociones. La profesora les ha dado una tarea para casa, que consiste en poner qué les produce miedo, qué les da alegría, tristeza, qué les enfada y qué les da asco. En principio, los alumnos no deben compartir con los demás lo que han puesto, ya que puede haber algunas emociones muy íntimas y sería una falta de respeto obligar a contarlas en público. Pero nuestros niños de la Banda del Moco llegan al día siguiente a clase y lo primero que hacen es preguntarse mutuamente qué han puesto en estos deberes tan difíciles.

—A mí me ha gustado hacerlo —dice Olaya—, lo que me ha costado más es poner lo del asco.

—Pues yo no sabía qué poner en lo que me da tristeza —comenta Carlos—, yo nunca estoy triste.

—Sí, hombre, acuérdate de cuando se te rompió tu ... preferido, ¡lo que lloraste! —le recuerda María.

—Ah, sí, pero mi madre me dijo que no debía llorar por esa tontería, que había niños que no tenían ningún juguete y que yo tenía que alegrarme por los que tenía...

—Oye, ¿y qué habéis puesto en «miedo»? —pregunta Olaya—. Yo he puesto que me da miedo la oscuridad, la sangre, los esqueletos... ¡Brrr!

—¡Ja, ja, qué tonta! —se ríe Óscar—. ¿De verdad te da miedo eso? ¡Con lo que molan los esqueletos!

—Oye, listo, que yo no me río de tus miedos, ¿eh? —le espeta Olaya.

—¡Pues porque no tengo miedo a nada! —contesta Óscar, triunfante.

—¡Anda ya, eso es imposible! —dicen los otros—. Seguro que tienes miedo de algo.

—Quizá tienes miedo de algo más raro —dice María—. De

que te regañen tus padres... Yo, por ejemplo, he puesto que tengo miedo cada vez que saco una mala nota, bueno, menos de un ocho... ¿Tú no tienes miedo a tus padres, Óscar?

Óscar se ha quedado callado, mirando al vacío. Al cabo de un rato, responde con brusquedad:

—¡Que ya te he dicho que yo no tengo miedo a nada! —Y sale corriendo.

Los amigos se miran perplejos, se encogen de hombros y se encaminan a clase.

Estos son los principales errores de contenido que podemos cometer respecto a la comunicación de emociones:

- Ignorar los sentimientos del niño, lo que equivale a no atenderle, no reconocerle como persona respetable. «Sécate esas lágrimas de cocodrilo y pon la mesa».
- Negar los sentimientos del niño: «No, tú no estás triste». «Pues si estás enfadada, desenfádate».
- Ridiculizar o poner en evidencia los sentimientos del niño, ya sea solo delante de él o en público: «Oooh, has llorado con esa película. ¡Qué blandita!». «Ponte aquí en medio, que te veamos todos, a ver si dejas de ser tan vergonzoso».
- Negociar con los sentimientos, ofrecerlos como moneda de cambio, condicionada a que el niño se porte bien o mal: «Así no te quiero». «Si os seguís portando mal, me voy de esta casa».
- Utilizar con frecuencia las palabras «culpa» y «vergüenza» para lograr que el niño responda como queremos que lo haga.

Pero hay más pecados...

María reconoce a su madre:

—He sacado un seis en el examen de inglés.

A lo que la madre responde:

—¿Un seis? Pero ¿cómo puedes sacar un seis? Pero, hija, qué disgusto... ¡Me estoy poniendo fatal! ¡Un seis! Con lo que yo me esfuerzo por ti, tardes enteras practicando inglés contigo, sabiendo cómo me duele la espalda, y me vienes con un seis. Me vas a matar a disgustos, María, ya sabes que tengo la salud delicada y me vienes con esto. Ay, Dios mío, que creo que me está dando otro bajón de tensión...

Los padres de **Óscar** están con unos amigos, hablando de aparatos reproductores de música. En un momento dado, uno de los amigos dice:

—Pues si no sabes cuál comprarte, pregúntale a tu hijo Óscar. Hoy en día, los chavales saben más que...

—¿Ese? —se ríe el padre de Óscar—. ¡Pero si Óscar es un descerebrado! Todo el día en la luna, con sus pinturitas y sus amigos, no se entera de nada de lo que pasa a su alrededor, ingeniero no me sale, desde luego...

Los padres de **Carlos** llegan a casa después de haber estado hablando con su tutora.

—Hijo mío, tu profesora nos ha dicho que te ve muy distraído últimamente. Hay que atender más en clase, ¿eh? Es tu obligación igual que yo tengo las mías. Hay que poner un poco de voluntad y olvidarse de las distracciones, porque en esta vida, como no te hagas responsable de tus actos, lo vas a tener muy crudo. Ya te hemos dicho muchas veces que hay que forjarse un futuro sólido... ¿Carlos? ¿Me estás escuchando?

Olaya entra en tromba en la cocina, con un dibujo en la mano, de repente, resbala y se cae al suelo. La madre le recrimina:
—Olaya, siempre igual. ¿Es que nunca te vas a poner las zapatillas? Siempre te caes, rompes algo, pierdes las cosas... ¡Qué harta me tienes!

¿De qué tipo de «pecado» del lenguaje estamos hablando? De uno que puede ser muy doloroso, como veremos a continuación.

ERRORES EN LA FORMA DE TRANSMITIR EL MENSAJE

¿Qué errores de forma han cometido los padres en estos ejemplos?

La madre de **María** ha hecho un **chantaje emocional**. Ha utilizado un supuesto malestar para hacer sentir mal a María y que esta «reaccione» al ver que su madre se disgusta tanto. Este es uno de los peores pecados que se pueden cometer con un niño. Jamás se debería negociar con los sentimientos ni utilizarlos como moneda de cambio. Recurrir a esta forma de manifestar un disgusto puede llegar a hacer un daño al niño —culpabilidad, dependencia, autoconcepto bajo...— del que de adulto le costará desprenderse.

El padre de **Óscar** ha **etiquetado** gratuitamente a su hijo. Etiquetar es poner un calificativo global a una persona —egoísta, guarro, desastre...—, de modo que esta se queda encasillada en esa calificación, con poco margen para poder cambiar. Las etiquetas pueden hacer mucho daño, ya que, dependiendo de lo que le digamos al niño de pequeño, así se sentirá de mayor, luego si a nuestro hijo lo llamamos egoísta de manera reiterada, aunque sepamos que estamos hablando de conductas y no de su ser, él entenderá que todo su ser es así y crecerá con la idea de que es un egoísta sin remedio.

Los padres de **Carlos** han utilizado un **lenguaje excesivamente impersonal y moralista**. Utilizan con preferencia la forma impersonal para decir las cosas —«Hay que...»—, y se escudan en una moralidad muy lejana e incomprensible para un niño. Dan por hecho que Carlos tiene que saber cómo cambiar su conducta y que, si no lo hace, es porque no quiere. ¿Y si resulta que no sabe cómo cambiarla?

La madre de **Olaya generaliza** en exceso. Utiliza con preferencia los «siempre», «nunca», «nada», de modo que a oídos de la niña suena como si ella fuera así «por naturaleza» y no tuviera remedio. Las generalizaciones hacen una ley de un hecho aislado, lo cual, a veces, puede ser francamente injusto y, en cualquier caso, no ayudan a que la persona decida cambiar, sino que la frustran, haciéndole creer, de nuevo, que es su ser el que está equivocado.

Veamos a modo de resumen los errores de forma que más suelen cometer los padres y educadores:

- Chantaje emocional («Por tu culpa me siento mal». «Hijo, ordena ya tu habitación, que me pongo muy triste si me desobedeces». «Me vais a matar a disgustos, ya no puedo más, un día de estos me va a dar algo y entonces será demasiado tarde»).
- Etiquetación o insultos («Eres un [*poner palabra*] idiota»).

- Lenguaje elevado o exigencias inflexibles («Hay que...». «Debes...». «Deberías haber...». «Ya sabes que a Dios rogando y con el mazo dando, o sea que ponte a estudiar y haz caso de lo que te dicen las personas con experiencia». «Esto se hace así, toda la vida lo hemos hecho así y no vamos a cambiar porque tú lo digas»).
- Generalización («Siempre/nunca», «todos/nadie». «¿Es que no puedes parar nunca? ¿Siempre tienes que estar saltando?». «Así no te va a querer nadie». «Siempre tienes que estar por medio y todo lo estropeas»).
- Sarcasmos («Tú sigue derramando la sopa». «Estupendo, ahora vamos todos a parar cuando haya un problema»).

ERRORES EN LA FORMA NO VERBAL DE EXPRESAR
NUESTROS MENSAJES

Recordemos que el niño se pasa los dos primeros años de su vida sin lenguaje verbal, por lo que tiene que fijarse forzosamente más en todo lo no verbal que le transmiten los adultos: la expresión de la cara, los gestos, el tono de voz, la postura, la distancia física que establecemos...

El lenguaje no verbal está muy ligado a las emociones. El niño pequeño establece conexiones emocionales positivas o negativas con las personas dependiendo de lo que reciba a nivel no verbal. Muy poco a poco, a medida que va aprendiendo a hablar, el lenguaje no verbal va cediendo su protagonismo ante el lenguaje verbal. Pero un niño de ocho años todavía se fija más en las expresiones no verbales de los demás. ¿No os ocurre que recordáis a una persona de vuestra infancia más por el tono de voz que utilizaba o la expresión que solía tener en la cara, que por lo que decía o cómo se comportaba? Yo, por ejemplo, recuerdo distinguir muy claramente entre las personas que me sonreían y las que no. El niño, pues, se fija mucho más de lo que creemos en nuestras expresiones, gestos, posturas y tonos.

En un libro no podemos reproducir conductas no verbales, pero podemos imaginarlas. Si vemos los ejemplos que acabamos de poner de los padres de la Banda del Moco, podemos imaginarnos a la madre de María hablando con tono lastimero y desesperado; al padre de Óscar con una expresión facial que indica desprecio y superioridad; a los padres de Carlos utilizando gestos normativos —manos levantándose y bajando, por ejemplo—, y a la madre de Olaya elevando la voz y mirando al techo.

Muchos de vosotros estaréis pensando que exageramos un poco.

En efecto, todos nos hemos enfadado alguna vez con nuestros hijos o alumnos y les hemos regañado, diciéndoles unas barbaridades difíciles de reproducir, pero plenamente justificables dado el enfado que teníamos en ese momento. Eso es normal y pasa en las mejores familias. El problema no ocurre cuando nos «subimos a la parra» en algún momento de enfado; el problema viene cuando esta es nuestra forma habitual de comunicarnos con el niño, cuando este recibe un constante goteo de caras de desprecio, gestos de disgusto y rechazo. A la larga, irá forjándose una autoestima deficitaria, basada en la creencia de que su «ser» no gusta a sus padres y de que es culpable de las cosas negativas que ocurren alrededor. ¿Cómo, si no, se sentirían María, Óscar, Carlos y Olaya en los ejemplos que hemos puesto? María se sentirá culpable del malestar de su madre; Óscar no se sentirá válido para su padre; Carlos se sentirá tonto, porque no entiende algo que parece tan claro, y Olaya se sentirá un desastre de persona. Si esta forma de hablar es la habitual que tienen sus padres de dirigirse a ellos, los niños tendrán problemas de autoestima cuando sean adultos.

Por último, nos detendremos algo más en una de las conductas no verbales más demoledoras: los **gritos**.

Gritar puntualmente cuando estamos enfadados es normal, gritar a un grupo de niños para que se callen o paren también es normal, pegar un grito para que el niño nos haga caso si no lo está haciendo, aunque ya llevemos varias veces diciéndoselo con calma —¿a quién no le suena eso?—, es normal. En cualquier caso, estaría bien que el niño viera que, pese al grito, le seguimos queriendo y que nosotros mismos somos capaces de calmarnos después de vociferar.

Pero no estamos hablando de gritos puntuales: lo que de verdad daña al niño son los gritos reiterados, el «gritarle por cualquier cosa» y peor aún si los gritos van acompañados de frases repetidas del tipo «¡No me toques las narices!» o «Fuera de mi vista».

Cuando son bebés, los gritos les asustan mucho y tardan en recomponerse porque no saben cómo integrarlos. Más adelante, los gritos reiterados se viven como un rechazo integral hacia la persona del niño, porque, además, suelen ir acompañados de frases que así lo dan a entender.

A este respecto, quiero recalcar dos cosas importantes:

1. El contenido que se quiera transmitir en un mensaje gritado caerá en el olvido, porque la persona se quedará con la emoción —negativa— que le ha producido el grito.

> La gente olvidará lo que dijiste, incluso lo que hiciste, pero nunca olvidará cómo le hiciste sentir.
>
> MAYA ANGELOV

Pensemos en alguna persona que nos haya gritado o alzado la voz recientemente, ya sea adulto o niño. ¿Con qué nos hemos quedado? ¿Con el mensaje que nos quería transmitir o con la ofensa que nos supuso el trato que nos estaba dispensando?

¿Por qué creemos entonces que gritándoles los niños van a comprender y cambiar? Lograremos herirlos, avergonzarlos, que se sientan inferiores... y que reaccionen para que no les sigamos gritando, no porque hayan integrado nada de lo que les queremos transmitir.

2. Si les gritamos de manera reiterada, podríamos reflexionar sobre lo que les estamos enseñando a nuestros niños. Recordemos que una imagen vale más que mil palabras y que los niños aprenden más por imitación que por castigo. Si reaccionamos con frecuencia de forma explosiva e incontrolada, el niño no verá un buen modelo de canalización de emociones y expresión de sentimientos. Le estamos enseñando que esta manera descontrolada es la forma de gestionarse emocionalmente.

Y aún peor es cuando tenemos esa forma de transmitir nuestro enfado a base de gritos pero les exigimos moderación y respeto cuando se enfadan ellos. Esto crea una incongruencia en su cabeza, llamada «disonancia cognoscitiva», que ocurre cuando recibimos dos mensajes incompatibles entre sí, pero de igual importancia. El cerebro tenderá a decantarse por uno de los dos, buscando explicaciones que justifiquen la renuncia de la otra opción. En los niños, lo más normal es que opten por la obediencia y eso conllevará represión de su enfado y sentimientos de culpa.

Si les gritas, habla de ello. No hay que normalizar lo que no queremos que toleren en otras personas.

LETICIA GARCÉS

Es importante que tanto padres como docentes cuidemos mucho la forma con la que hablamos a los niños: los padres, como principales sostenedores y mantenedores de autoestima; los docentes, como importante apoyo a esta. Veamos un ejemplo:

Cuando iban a infantil, los niños de la Banda del Moco tenían una profesora muy cercana y buena que conseguía que los niños obedecieran sin rechistar. ¿Cómo lo lograba? Les decía una frase mágica: «Si os portáis mal, me iré muy triste a casa». Incluso al día siguiente se lo recordaba: «Ayer estuve todo el día muy triste por lo mal que os portasteis, a ver si hoy hacéis que me vaya contenta».

A Olaya y a Carlos esta frase les ponía tristes a su vez y se esforzaban por portarse muy muy bien, pero como tenían un buen sustento de autoestima por parte de sus padres y se sentían valorados intrínsecamente por ellos, el chantaje emocional —que es lo que en el fondo hacía la profesora— no les afectaba demasiado. María, sin embargo, quedaba hundida y continuaba así toda la tarde. ¿Por qué? Porque su madre también le hacía chantaje emocional con bastante continuidad, con lo cual, María comprendía muy bien el mensaje culpabilizador de la profesora y lo hacía suyo. Óscar, a su vez, se reafirmaba en su papel de niño malo. Desde su casa le transmitían que así como era no les valía, y ahora encima lograba poner triste a la profesora. Luego estaba claro que él, a los adultos, no les valía y tenía que buscar sentirse bien por otro lado, quizá siendo el más atrevido de la clase.

Pero, si tanto daño hace, ¿por qué utilizamos este tipo de lenguaje del que hablamos?

A veces la respuesta es, simplemente, que estamos muy enfadados, fuera de nosotros, y no nos controlamos. Y, por desgracia, si lo pensamos bien y somos sinceros, veremos que esta forma de tratar a los niños ¡es muy efectiva! Jugando con la culpabilidad, el sentimiento de poca valía y el malestar, se consiguen resultados espectaculares. El niño obedece, se esfuerza y, en el peor de los casos, por lo menos muestra arrepentimiento. Y es bastante más difícil hacer que un niño obedezca sin faltarle al respeto, tratándole con amabilidad, mostrándole a la vez amor incondicional... así hablan muchos padres y hay muchos más que, simplemente, utilizan ese tipo de lenguaje crítico sin pensar por qué. En estos casos, la conducta de los padres —por ejemplo, culpabilizar— modula la de los niños —¡obedecen!—, que a su vez modula la de los padres, que volverán a culpabilizar la siguiente vez.

El caso es que NO ES VERDAD eso de que es mucho más difícil educar y enseñar disciplina mostrando respeto y amor incondicional. Todo es cuestión de tener una actitud inicial de respeto hacia la persona que tenemos delante, tratar de meternos en su piel y ver cómo nos sentiríamos nosotros en su caso. Eso, y atender a unos cuantos consejos que daremos a continuación sobre cómo escuchar, cómo hablar y, como caso particular, cómo criticar a nuestros niños.

CÓMO ESCUCHAR

La madre de **Olaya** está en la cocina, haciendo la cena. A la vez, el hermanito pequeño no para de distraerla, con sus llamadas de atención y sus gritos. En esto, llega Olaya y le empieza a contar una historia larguísima de su amiga Susana, con la que se ha peleado, porque, claro, ella no tenía la culpa, porque ella solo le dijo que si no le prestaba la goma era una niña mala, y la otra va y se enfada cuando ella lo único que quería era...

La madre de **María** se está desesperando por momentos porque su hija acaba de volver a casa con un roto en el pantalón. María intenta explicarle la causa una y otra vez, pero la madre se impacienta y la manda callar porque no quiere oír ninguna excusa más. Bastante tiene con pensar qué hacer con su hija, que tan bien iba hace un tiempo y que parece que se está torciendo...

El padre de **Carlos** está sentado en el sofá, leyendo los extractos del banco que le acaban de llegar. La cosa está fea, cada vez hay menos dinero y como todo se va en la hipoteca, está dando vueltas y vueltas sobre cómo resolver, de dónde sacar más dinero que les permita... En esto aparece Carlos y le comienza a contar algo sobre un trabajo que tienen que hacer sobre los gusanos de seda, y como él sabe que su padre de pequeño tenía gusanos de seda, piensa que quizá le puede interesar, y de paso contestar a unas preguntas que...

Como siempre, la madre de **Óscar** intenta que este le cuente cosas que le hayan pasado en el colegio. Le pregunta por los profesores, los deberes..., pero Óscar contesta con monosílabos, como es habitual. La madre está desesperada. De repente, suena el teléfono y es un tío de Óscar con el que el chico se lleva bastante bien. A Óscar se le ilumina la cara y rápidamente reclama hablar con él. Cuando la madre le da el teléfono, el niño comienza a hablar animado sobre el último partido de fútbol, la liga y sus propios méritos en el equipo del cole en el que participa.

¿Sabemos escuchar a nuestros hijos? ¿Se sienten escuchados, comprendidos, atendidos y apoyados con nuestra actitud de escucha activa?

Para un niño es importante que le escuchen. Para él, equivale a ser tratado como persona, como alguien digno de ser atendido. Ya sabemos que el niño nace sin criterio, con lo cual no comprende que hay momentos en los que no podemos atenderle. Tenemos que enseñárselo nosotros. Pero necesita con la misma imperiosidad que le atendamos, porque no nace «con la autoestima puesta». Eso también tenemos que enseñárselo nosotros, precisamente con nuestra escucha.

Ser escuchado es ser validado, respetado, es sentir que te VEN, que significas algo para la otra persona.

Pensemos en nosotros, los adultos. ¿Cómo nos sentimos respecto a una persona que nos escucha con interés y empatía? ¿Cómo nos sentimos respecto a alguien que no nos escucha, que prefiere hablar de sí misma o nunca entra en lo que le queremos contar?

Los niños se sentirán exactamente igual que nosotros, pero el que se sientan escuchados o no tendrá un significado mucho más hondo.

Recordemos la teoría polivagal y lo que dijimos acerca de la CONEXIÓN. Para que el niño aprenda a conectar consigo mismo, a escucharse y validar lo que siente, primero tendrá que verse escuchado, sentir que lo que siente y piensa es importante. Como dice Cynthia Santacruz: «Primero es estar con los otros para poder estar conmigo algún día», y eso se consigue, en primer lugar, escuchando.

Rafa Guerrero es un psicólogo especializado en temas de apego y trauma que predica incansablemente la importancia de escuchar al niño como manera de legitimar y dar forma a lo que está sintiendo. Para Guerrero,

La sintonización del cuidador con el niño es imprescindible para llevar a cabo la traducción entre lo que siente y la narrativa.

Ha hecho un análisis de por qué muchos niños no cuentan sus problemas, lo cual es especialmente grave si el niño está viviendo una situación traumática. Estas son las razones por las que un niño se puede guardar sus problemas:

• Se enfadarán conmigo si se lo cuento.
• Les voy a decepcionar.
• Me van a castigar.
• No me van a querer.
• ¡Qué vergüenza!

¿Por qué un niño puede sentir estos temores si cuenta las cosas? Muchas veces, de modo tal vez bienintencionado y para ahorrarles sufrimiento, les pedimos a los niños que callen y que hagan como si nada hubiera ocurrido.

¿Os suenan estas frases, que nos brinda Rafa Guerrero?

• Lo que tienes que hacer es animarte.
• Borrón y cuenta nueva.
• Olvídalo, eso ya pasó.
• Eso no tiene importancia.
• No tienes motivos para estar triste.
• ¿No lo habrás soñado?
• A otra cosa mariposa...

Y los niños, para los que, recordemos, la vinculación a nosotros tiene prioridad a su bienestar, callarán y dejarán de contarnos sus cosas.

Tenemos que instaurar desde el principio un hábito de escucha al niño, desde los temas más nimios hasta las grandes dificultades.

Los niños y los adultos tenemos experiencias y mundos distintos. Lo que interesa a los unos no interesa a los otros y viceversa. Seguro que un niño se aburrirá mortalmente si nos oye hablar sobre política, pero nosotros nos aburriremos también si nos habla sobre los distintos superpoderes que tienen sus héroes favoritos. Lo que diferencia a los padres de los hijos es que estos necesitan ser escuchados por nosotros porque eso formará su autoestima, mientras que nosotros no tenemos esa necesidad. En teoría, tendría que estar cubierta. Por lo tanto, tenemos que tomarnos el tiempo y la paciencia para atender y escuchar lo que nos dicen los niños. Sí, ya lo sabemos: igual que la madre de Olaya, hay veces que no tenemos tiempo de escuchar; o estamos preocupados por algo y las «tonterías» del niño nos sacan de quicio; o en ese momento tenemos temas más serios en los que pensar... por supuesto, pero que eso no sirva de excusa para convertir la no escucha en un hábito familiar. «Es que no tengo tiempo para escucharlo». «Es que tengo tanto que hacer...». Estamos seguros de que eso es verdad, pero que estas situaciones concretas no signifiquen que, a la larga, no escuchemos nunca o dejemos la escucha siempre para algún momento lejano que luego nunca llega.

Lo importante es que el niño vea la intención de escucha en nosotros. Para ello no deberíamos crear «espacios para escuchar», como si fuera una ceremonia, sino intentar escuchar e interesarnos por lo que tiene que decir el niño en cada momento. Podemos «pescar al vuelo» alguna frase o descripción que esté haciendo el niño, para entrar más en ese tema, preguntarle, incitarle a que continúe contando...

Si realmente no hay tiempo mental o físico para escuchar en

un momento dado, podemos comunicarlo al niño: «Mira, ahora tengo que resolver esto y no te puedo escuchar, pero me interesa. Como quiero enterarme bien de lo que me cuentas, dímelo luego en la cena, que estaré más despejada». Mostrémosle nuestra intención y disposición para escuchar, y cumplamos con nuestra palabra de escucharle en profundidad más adelante.

Es evidente que esta escucha tiene que partir del respeto. No es bueno someter a los niños a interrogatorios de tercer grado y acribillarlos a preguntas. Seguramente, y con razón, el niño interpretará que solo queremos obtener información y se cerrará en banda. El que nos tiene que guiar, en este caso, es el niño: si no quiere hablar, no le agobiemos. Pero a partir de ahí podemos estar muy atentos a los temas que le interesan —aunque a nosotros nos parezcan soporíferos— para intentar profundizar más en su mundo. Aunque nos parezca que sacar bien las matemáticas sea mucho más importante.

A veces consideramos que el que no tiene tiempo de contar cosas en un momento dado es el niño. Por ejemplo, debería estar haciendo los deberes y, en vez de eso, está pegado a nuestro lado, contándonos historias nimias, que parecen más excusas para no tener que estudiar que verdaderas ganas de comunicarse con nosotros. En estos casos, podemos hacer lo mismo que cuando no tenemos tiempo nosotros: decirle que ahora no es el momento porque tiene que hacer los deberes, pero que estaremos encantados de escucharle a la hora de la cena. Y cumplirlo.

¿Y cómo escuchar sin invadir, por un lado, pero dando a entender al niño que nos interesa lo suyo y lo queremos atender, por otro?

En primer lugar, es bueno intentar empatizar con el niño, interesarnos por lo que nos está contando. A su edad ¿no nos entusiasmábamos nosotros también por un personaje concreto, un juego, un deporte? ¿Sus inquietudes no son iguales que las que teníamos? Si conseguimos meternos en su piel, recordar cómo éramos nosotros a su edad y quizá incluso aportar algún ejemplo o comentario propio sobre el tema, habremos dado un importante paso para que se sienta atendido y valorado.

También en este caso, como en muchos, es bueno olvidarse por un momento de nuestra función de educadores. No hace falta que estemos siempre dándole consejos y, la mayoría de las veces, el niño no nos quiere contar las cosas para que le aconsejemos. Quiere, simplemente, que le escuchen, igual que nos ocurre a los adultos. Escuchémosle, pues, interesémonos por su mundo, sus amistades, sus aficiones...

Dentro de la empatía, hay un tipo de comentario que podemos hacer cuando un niño nos cuenta algo, y es la llamada «respuesta empática». Significa atender en primer lugar al sentimiento que creemos subyace al mensaje que nos están transmitiendo y reflejárselo así a la persona. En el siguiente capítulo, sobre la asertividad, hablaremos más sobre esa habilidad.

Cómo hablar

 Contesta a las siguientes preguntas. Tómate un tiempo para contestar, observándote a ti mismo y tus conductas. Observa también qué le sueles decir al niño, sobre todo cuando le corriges o quieres enseñarle algo.

1. ¿Qué máximas vitales considero básicas para la vida? ¿Qué aprendizajes quiero que haga mi hijo/alumno, sin las cuales no me sentiría a gusto conmigo mismo?

2. ¿De qué forma se las transmito a mis hijos/alumnos? ¿Qué palabras, frases utilizo? ¿Qué ejemplos suelo ponerles?

3. ¿Qué actitudes humanas me producen rechazo o desprecio?

4. ¿De qué forma se las transmito a mis hijos/alumnos? ¿Qué palabras, frases utilizo? ¿Qué ejemplos suelo ponerles?

5. ¿Qué sensación tengo respecto al efecto que causan mis palabras en el niño? ¿Me siento satisfecho? ¿Me siento frustrado/a? ¿Cuál es el sentimiento que más prevalece: frustración porque mis esfuerzos caen en saco roto o satisfacción porque mis hijos muestran una conexión conmigo y mis valores?

Mario Marrone, psicólogo y gran experto en apego, afirma que

Hay que promover en los niños un DIÁLOGO REFLEXIVO.

Hablar, hablar sobre las cosas, sobre lo que ha ocurrido, sobre nosotros mismos y nuestras emociones, ayuda al niño a reflexionar, a asentar las vivencias y emociones que haya tenido. Hablar es darle forma a una emoción o sensación.

Y es muy importante contarles las cosas a los niños. Si mamá desaparece unos días y vuelve a casa con un bebé, el niño necesita entenderlo, sentir que no es abandonado... y que se le permite expresar su enfado, tristeza o frustración. Lo mismo ocurre si nos mudamos de casa o nos vamos a vivir a otra ciudad: nunca es lo suficientemente pequeño para que no le demos una explicación. Aunque no entienda nuestro razonamiento, entenderá nuestra intención de hacerle partícipe de lo que ocurre en la familia.

Cómo es bueno hablar con el niño y cómo no lo es

- Los mensajes que emitamos a nuestros niños tienen que ser **entendibles** para ellos. Con mucha frecuencia pecamos por defecto o por exceso. Si pecamos por defecto, estamos tratando al niño como si fuera tonto.

> MAL: «Papá, ¿qué es una persona trans?». «Nada, hijo, no es nada».
> BIEN: «Papá, ¿qué es una persona trans?». «Pues es una persona que no se siente bien como es, etc.». O, si nos parece que el niño es demasiado pequeño para comprenderlo: «Es difícil de contar, pero te prometo que, cuando seas mayor, te lo explico». Y cumplirlo.

Si pecamos por exceso, nos metemos en los sermones impersonales, las máximas morales que nada dicen al niño o la repetición de siempre el mismo mensaje.

> MAL: «Hijo, es por tu propio bien y para que en el futuro...».
> BIEN: «Te lo digo para que aprendas a estudiar mejor y saques mejores notas».

- Los mensajes tienen que ser **coherentes y legítimos**. Deberíamos predicar con el ejemplo y no reprochar o arengar al niño para que haga algo que nosotros no cumplimos. No podemos decirle que no grite si somos los primeros que gritamos cuando algo nos disgusta.
- También deberíamos esforzarnos por mostrar coherencia en lo que decimos: respecto a nosotros, manteniendo

lo que hemos dicho, no decir hoy una cosa y mañana la contraria y, si podemos, respecto a los demás miembros de la familia: si la madre dice algo, que el padre no diga lo contrario. Si es inevitable, por lo menos podemos no chantajear al niño obligándolo a posicionarse a nuestro favor.

Y, sobre todo, mostrarnos coherentes entre lo que hacemos y lo que le pedimos: «Te dije que iría a verte jugar al fútbol, pero no me ha dado tiempo, tienes que entenderlo», pero luego yo no me esfuerzo por entender por qué se ha portado mal.

- Los mensajes tienen que ser lo más **directos** posible, sin caer en la agresividad. Esto significa no soltar indirectas, amenazas, chantajes emocionales... ni rehuir hablar de un tema que nos incomoda o del que no sabemos la respuesta. Si no queremos o no podemos responder, digámoslo así al niño, en vez de cambiar de tema o responder con el silencio.

  Por el contrario, podemos esforzarnos por dar siempre una explicación sobre las cosas o conductas que el niño no entienda y explicar claramente qué es lo que queremos o estamos criticando. Sobre todo tendríamos que explicar siempre la razón de nuestras reacciones emocionales, como estar enfadado, triste, llorar...

- Los mensajes tienen que estar **adaptados al nivel evolutivo** del niño. Eso tiene mucho que ver con el respeto: tenemos que respetar que el niño tiene los años que tiene y una capacidad concreta, y que no entenderá ni más ni menos que lo que su nivel de madurez le pide. Los niños pequeños, como dijimos en su momento, entienden todo literalmente. Esto es así hasta los seis años, cuando van integrando nuevos conocimientos verbales y abstractos y serán más capaces de leer entre líneas. Pero muchas veces damos por hecho que el niño entiende cuando no entiende, como por ejemplo: «Él ya sabe que no lo digo en serio», «Se sobreentiende que la quiero, aunque la llame tonta». Si estamos llamando tonta a una niña de cinco años, entenderá 1) que es tonta y 2) que así no la queremos.

Lo mismo ocurre con las ironías y los sarcasmos. Como comentan Mireia Orgilés y José Pedro Espada: «Los estudios sugieren que comprender la ironía implica unas habilidades tardías, que surgen sobre los cinco o seis años de edad». Puede ser más tarde, y depende de la complejidad del mensaje irónico-sarcástico y de las pistas a las que puede recurrir la persona para interpretarlo correctamente. Los niños pueden tener dificultad para entender la ironía y el sarcasmo cuando no son capaces de «descifrar» la intención comunicativa de la otra persona, que en este caso requiere de una interpretación de su sentido comunicativo.

Cómo criticar/regañar

¿Regañáis a vuestros hijos o alumnos? Seguro que sí, no hay niño que en algún momento no haga algo que no debe, transgreda una norma o se olvide de ella. Ahora bien, ¿cómo regañáis a los niños? ¿Os habéis parado a pensar en qué impacto causan vuestras palabras y castigos en ellos?

Y... ¿alabáis a vuestros hijos o alumnos? ¿Con la misma frecuencia con la que les regañáis?

Si preguntamos a cualquier adulto que está regañando mucho a un niño por qué lo hace, contestará más o menos siempre lo mismo: «Porque se ha portado mal y a ver si aprende», «Porque ya no puedo más con él», «Porque siempre hace lo mismo», «Porque estoy harta de repetirle mil veces lo mismo», «Porque esto no se puede dejar pasar»... y seguramente, todos tendrán razón. Ojo: no estamos insinuando de ningún modo que no haya que regañar o castigar a los niños, ni que haya que hacerlo de manera tan *light* que, más que una regañina, parece que le estamos alabando por lo que ha hecho.

De ningún modo. Solo queremos detenernos en algo en lo que la mayoría de los adultos no suele pararse, y es en la **forma** con la que se emite una regañina: las palabras que se utilizan, las veces que se repiten ciertas frases, aquellas otras que se omiten, el tono que se emplea, etc.

Vamos a contar una historia al revés. Veremos cómo se sienten los niños tras una regañina y después qué les han dicho y por qué.

Una hermosa tarde de mayo, a las siete de la tarde, en las casas de los cuatro amigos de la Banda del Moco se acaban de desatar grandes tensiones. Casualmente al mismo tiempo —después comprobaremos que no es tanta casualidad—, María, Olaya, Carlos y Óscar acaban de recibir una importante bronca por haber hecho algo mal.

1. Veamos cómo se sienten:

María: Siente una gran desesperación y rabia, pero contra sí misma. ¿Cómo puede habérsele pasado una cosa así? Su madre tiene razón, se está despistando demasiado últimamente. De nuevo le ha fallado, y mira que su madre se lo pone fácil: solo tiene que ser ordenada, sacar buenas notas, ser aplicada y no molestar en clase; total, casi nada para lo mucho que se esfuerza su madre con ella. Esta vez sí que la ha hecho gorda, a juzgar por la desesperación de su madre, y ya no sabe si alguna vez va a conseguir que esta esté contenta del todo con ella. Tanto que desea que su madre alguna vez le sonría y le diga: «Muy bien, eso es lo que yo quería, ahora sí que te quiero porque te lo mereces», pero nada, al contrario, siente que va alejándose más y más de ese momento, porque su madre cada vez le grita con mayor virulencia y le dice cosas más terribles.

Olaya: También siente rabia. E impotencia. E injusticia. Sí, sobre todo injusticia, porque, a ver, a quién no se le escapan estas cosas de vez en cuando. Y sus padres, hala, a montar un escándalo por una cosa tan tonta. Además, ella ya lo habría solucionado sola, no necesitaban soltarle todo ese sermón... Bueno, algo de razón tienen, claro, la que se ha portado mal es ella, pero ¡no es para ponerse así! Su padre también se olvida cosas y no le regañan, ¿no? A Olaya le dan ganas de decirles..., pero, no, no va a decirles nada, no vaya a ser que encima la castiguen. En vez de eso, tendrá que esforzarse para que no vuelva a ocurrir, así no le cae una como la que le ha caído hace un rato... Vale, y también es verdad que le conviene mejorar en esto, porque los profesores también se lo han dicho, pero es que se lo estaban pasando tan bien... Bueeeno, intentará mejorar, pero... ¡eso no quita que es una injusticia y que ella está muy enfadada!

Carlos: Está hecho un lío. Por un lado, le regañan y por otro, le dicen que no se preocupe y que saben que, en el fondo, él es bueno. ¿En qué quedamos? ¡Si él no estaba preocupado! ¿O es que tiene que estar preocupado por algo? ¿Alguien ha dudado de que él sea bueno? No se le había ocurrido pensar eso, pero quizá resulta que no se creen que él sea bueno; si no, no lo dirían, ¿no? Porque él lo tenía claro que, vale, sí, no se ha portado bien. Bueno, se ha portado mal, y ya está, y estaba esperando la regañina de turno. Más bien estaba concentrado en pensar qué explicación o excusa dar, para que no lo castigaran y «solo» le regañaran, y en vez de eso, le regañan, como tiene que ser, y luego le dicen todas esas cosas de que no se preocupe y le abrazan y le besan... ¡Ahora sí que está preocupado! La verdad es que Carlos no sabe cómo sentirse. Por un lado, se siente mal por la bronca; por otro, inseguro por lo que le han dicho después, y, finalmente, está muy tentado a «hacer teatro» una siguiente vez, decir que se siente muy herido, a ver si se preocupan tanto que le perdonan. La verdad es que algo ha exagerado esta vez también, y claro, enseguida se preocupan... En fin, no hay quien entienda lo que quieren los mayores. Lo mejor es ponerse a jugar y olvidarse de todo esto.

Óscar: Otra vez. El hundimiento, la oscuridad, la nada. ¡Se siente tan mal, tan rechazado, despreciado, no merecedor de nada! No sabe por qué sus padres han querido tenerle, si parece que solo ha nacido para hacerles sufrir. Se siente terriblemente culpable, no hace más que oír una voz que le martillea el cerebro: malo, no mereces estar aquí, no mereces que te quieran, otra vez lo has hecho mal, otra vez has sido malo... Todavía tiene clavada la mirada de su padre y los gritos de su madre. Él piensa que no es tan grave lo que ha hecho, pero debe de haber algo terrible que se le escapa, o debe de ser un ejemplo más de la maldad que hay dentro de él y que no consigue quitar. Lo peor es que no sabe cómo conseguir que sus padres estén contentos con él, porque él se esfuerza, intenta estar callado, no dar guerra..., pero luego, siempre surge algo que hace que él lo estropee. ¡Y es que con sus amigos se lo pasa tan bien! Con ellos sí que es feliz, y se olvida de lo mal que se siente en casa. Por eso nunca quiere volver a casa después del cole, las fiestas, o cuando está invitado en casa de algún amigo. Pensar en sus amigos le hace sentirse mejor, mañana le tienen que dar las fotos para que él les haga los carnés de la Banda del Moco que quieren hacerse. Se lo dan a él porque es el más manitas y todos le admiran por eso, aunque, como se enteren sus padres de que pierde el tiempo haciendo carnés en vez de hacer los deberes... Pero algo le empuja a pintar y hacer trabajos manuales, porque son los únicos momentos en los que Óscar se olvida de su tristeza y se siente bien.

2. Veamos ahora lo que han dicho los respectivos padres para que los niños de la Banda del Moco se sientan como se sienten:

Madre de María: «¡María! ¡Otra vez! Pero ¿te has vuelto loca? ¿Te pasa algo? De verdad, yo no entiendo nada. ¿No tuvimos una bronca hace poco por lo de aquella niña? ¿No me habías prometido que te esforzarías más? Y ahora esto... Yo no sé ya qué hacer contigo, ni cómo decirte las cosas. No sé lo que estoy haciendo mal. Si yo lo único que quiero es que seas una niña estudiosa y puedas sacar provecho de tus notas el día de mañana. Realmente, ¿es tanto pedir? ¿Te estoy pidiendo algo imposible? Mira, María, con que te esforzaras un poco, solo un poco, cambiarían las cosas. Pero tú, nada, en vez de hacerme caso, que solo quiero tu bien, estás cada vez más perezosa. Como sigas así, se acabaron los amigos, se acabó ir a fiestas de cumpleaños y perder el tiempo. Estos amigos tuyos te están llevando por un camino que no me gusta nada. De momento, te vas a quedar sin ver la tele durante un mes, a ver si te centras y te responsabilizas de lo que tienes que hacer».

Padres de Olaya: «A ver, Olaya, ven un momento. No, no te escapes, ¡ven aquí ahora mismo! ¿Qué significa esto? [...] Bueno, me parece que ya está bien, ¿no? Ya es la tercera vez que ocurre. Una vez, pase; otra vez, bueno, pero tres veces ya no puede ser. No, no me vengas con excusas, esto tiene que cambiar, ¿eh? A partir de ahora vamos a tener que vigilarte más, porque si no, te relajas demasiado. De todas formas, ¿qué se te ocurre a ti? ¿Cómo puedes mejorar? [...] Bueno, intenta hacerlo así como tú dices, pero procura que no se repita, ¿eh? Si no, tendremos que empezar a ponernos más duros. ¿Que qué es ponernos más duros? Pues no podrás salir tanto, o verás menos la tele, hasta que veamos que mejoras en esto... ¡Sí, sí es para tanto! ¡Y no contestes así! Aunque... quizá no hará falta llegar a eso si mejoras antes; eso depende de ti».

Padres de Carlos: «Pero, Carlos, ¿qué te ha pasado? ¿Otra vez? Sí, ya sabemos que no fue culpa tuya, pero, hijo, ya está bien, ¿no? Esmérate un poco, hombre. Si no, vas a sacar malas notas y nos vamos a disgustar mucho. Y no queremos tener que recurrir a que te quedes sin tele o sin salir con tus amigos. Pero esto lo tienes que mejorar, ¿eh? Ya está bien de pasártelo bien con tus amigos y desatender las demás cosas, que ya vas siendo mayorcito y tienes que responsabilizarte de tus cosas. No siempre vas a tener a papá y mamá detrás de ti para llamarte la atención. Bueno, hijo, no he querido decir nada con eso, ¿eh? Por supuesto que papá y mamá siempre vamos a estar contigo, tú no te preocupes de nada, de nada, ¿me oyes? Ven aquí, anda, mi Carli, con lo bueno que tú eres en el fondo... eso lo sabes, ¿no? Estamos seguros de que tú eres el chico más bueno del mundo y estas cosas son pequeños despistes sin importancia que enseguida se van a corregir, ¿verdad, cariño? Tú no te preocupes por nada, que ya verás cómo esto se pasa enseguida, con un poquito que te esfuerces, y ya todo estará bien».

Padres de Óscar: «¡Eres lo peor! Esto no puede seguir así, siempre haciendo de las tuyas e incordiando, ya estamos hartos de ti. ¿No te das cuenta de que nos estás destrozando la vida? Si no fuera por ti y tus tonterías, viviríamos tranquilos y felices, ahora que papá ha encontrado el trabajo que quería. Pero, claro, tiene que venir el señorito a fastidiarlo todo. Pero ¿tú quién te crees que eres? ¿Te crees muy listo? Como sigas así, vas a terminar como un delincuente y, mira, casi te lo deseo, para que te des cuenta de lo que es la vida dura. Eres un desagradecido. Estamos hartos de ti, ¿te enteras? ¡Hartos! Haz el favor de poner de tu parte, porque si no, yo no sé qué vamos a hacer contigo. Desde luego, a estos amigos ya no los vuelves a ver y la tele no existe para ti desde ya. Lo malo es que sé que esto no va a servir de nada, porque cuando el mal está hecho... Sal de mi vista, anda, vete que no quiero verte, ¡vete ya!».

3. ¿Queréis saber por qué fechorías han regañado a María, Olaya, Carlos y Óscar? ¿Qué han hecho para recibir esas broncas?

Evidentemente, no es casualidad que a los cuatro se les esté regañando más o menos a la vez, porque a los cuatro se les está regañando por lo mismo.

Como hemos leído, los cuatro están formalizando su pandilla, se están haciendo carnés, están inventándose palabras secretas y hasta un alfabeto que solo entienden ellos. Esto les tiene muy excitados y los cuatro, que se sientan juntos en el colegio, se pasan las horas de clase cuchicheando y escribiéndose mensajes secretos en su lenguaje particular. Por ello, ayer se les pasó por completo apuntar los deberes de matemáticas y hoy han llegado sin deberes. El problema es que no es la primera vez... ni la segunda. La profesora, ya harta del tema, les ha separado como primera medida y ha escrito una nota a los padres, explicándoles el hecho y pidiéndoles colaboración para que sus hijos se vuelvan a centrar y a atender en clase.

Bien, esta ha sido una historia contada al revés, es decir, desde el impacto que causan las palabras en los niños hasta saber por qué razón se les ha regañado.

A la hora de criticar una conducta errónea en un niño, debemos tener en cuenta que la crítica destructiva, culpabilizadora y denigrante lo que consigue es bloquear a la persona, someterla a una tensión insoportable y, muchas veces, ni siquiera sirve para alcanzar los objetivos. En vez de eso, podríamos:

- Vigilar el lenguaje no verbal, el tono de voz, la expresión de la cara, los gestos...
- Podemos estar enfadados, pero no mostremos desesperación, ira incontenible, histerismo...
- Criticar solo la conducta errónea y no a la persona en su totalidad. No utilizar etiquetas ni generalizaciones.

  MAL: «Siempre igual, eres insoportable, nunca aprenderás».
  BIEN: «¡Es la tercera vez que te olvidas los deberes! ¡Eso está muy mal!».

- Presentar argumentos que den validez y razón a la crítica, aunque los razonamientos no deberían ser demasiado largos.

  MAL: «Esto se hace así porque sí, porque lo digo yo y tú te callas».
  BIEN: «Si sigues sin hacer los deberes repercutirá en la nota final».

- Ceñirse a los hechos y no dejarse influir por suposiciones e inferencias.

  MAL: «¿Otra vez vienes sin el abrigo? Claro, habrás estado como siempre con tus amigos y te lo has dejado tirado por ahí».

  BIEN: «¿Otra vez vienes sin al abrigo? ¿Qué ha pasado?» o «¿Cómo puedes recuperarlo?».

- No repetir una y otra vez cargas antiguas. Dan lugar a etiquetaciones.

  MAL: «Ya desde pequeño contestas mal y ya sabes lo que ocurrió aquel día cuando delante de los amigos dijiste...».

  BIEN: «No me respondas mal».

- No comparar con otras personas.

  MAL: «¿Quieres venir de una vez? Mira a los demás niños, ya están todos con sus padres, mientras que tú...».

  BIEN: «¿Quieres venir de una vez?».

- Centrar la crítica en la solución, en vez de en el malestar.

  MAL: «Es que nunca paras quieto y, claro, te has cargado el jarrón de la abuela, como siempre. Ya no sé qué hacer contigo, eres lo peor, todo lo estropeas...».

  BIEN: «¡Te has cargado el jarrón de la abuela! ¿Y ahora cómo lo solucionamos?».

- Nunca culpar. La expresión «eres culpable» o «tú tienes la culpa» debería desaparecer de nuestro vocabulario.

MAL: «¡Es tu culpa, o sea, que apechuga tú con las consecuencias!».

BIEN: «Como has roto el jarrón, te tengo que castigar sin paga».

- Si hay que castigar, explicar el sentido que tiene nuestro castigo.

MAL: «Castigado sin paga por haber roto el jarrón».

BIEN: «Te quedarás tres días sin paga y con ese dinero compras otro jarrón. Así aprenderás lo que valen las cosas».

Y, en cualquier caso, si nos hemos descontrolado, saltado todos nuestros buenos propósitos, nos hemos fallado a nosotros mismos... no nos reprochemos. Un mal día lo tiene cualquiera. En vez de eso, podemos ser humildes y pedir perdón. Los niños también merecen que se les pida perdón a veces y no tiene por qué ser siempre al revés.

PARA RECORDAR

Uno de los instrumentos más poderosos que tenemos para educar a nuestros niños es el lenguaje.

Podemos cometer errores en el contenido de lo que le decimos al niño, pero mucho más en la forma, verbal y no verbal, de transmitir nuestros mensajes.

Estos son los errores de forma más comunes que cometemos con los niños:

- Chantaje emocional.
- Etiquetación o insultos, poner motes.

- Lenguaje elevado o exigencias inflexibles.
- Generalización.

Para comunicarnos con el niño en un lenguaje que fomente su autoestima debemos tener en cuenta:

- Cómo escuchar, principalmente utilizando la empatía.
- Cómo hablar, cuidando que los mensajes sean entendibles, coherentes, directos y que contengan el mínimo de generalizaciones, etiquetaciones y exigencias inflexibles.
- Cómo criticar, principalmente separando con claridad la conducta que queremos criticar del hecho de que nuestro niño «sea» bueno o malo.

Estos son los principales parámetros para tener en cuenta a la hora de comunicarnos con nuestros niños:

En vez de	Podemos
Generalizar	Describir la conducta
Etiquetar	Describir la conducta
Hablar del «ser»	Hablar del «hacer»
Dar por hecho	Preguntar/dar respuesta empática
Estar distante	Estar cerca, abrazar, situarnos a su altura
Centrarse exclusivamente en el contenido	Tener muy en cuenta lo no verbal

8

Para la asertividad

Hoy los niños de la clase de María, Olaya, Carlos y Óscar se han ido de excursión. Sus respectivos padres se han encontrado tras dejar a los niños en el autobús y se han ido a tomar un café juntos. Están hablando de lo divino y de lo humano.

MADRE DE OLAYA [dirigiéndose al padre de Carlos]: Por cierto, Fede, pronto es el cumpleaños de Carlos, ¿no?

PADRE DE CARLOS: Sí, bueno... sí, sí, claro, es su cumple, pero... es que no sabemos si celebrarlo o no.

MADRE DE ÓSCAR: ¿Y eso?

MADRE DE CARLOS: Bueno, es que veréis, a vosotras os lo puedo contar: resulta que en la fiesta de cumpleaños del año pasado Carlos se lo pasó tan mal que él mismo me pidió no volver a celebrarlo...

MADRE DE OLAYA: ¿Cómo? ¿Que un niño no quiere celebrar su cumpleaños? Algo muy gordo tiene que haber pasado.

MADRE DE MARÍA: ¿Se portó mal y le castigasteis?

PADRE DE CARLOS: No, por Dios, el castigo fue para nosotros, pues habíamos invitado a esos chicos de la clase que son tan gamberros, ya sabéis, Guillermo, Hugo y esos...

MADRE DE ÓSCAR: Ah, sí, con esos se junta Óscar a veces.

PADRE DE CARLOS: ... se portaron fatal. Fijaos que empezaron a organizar una batalla de tartas; luego empezaron a hacer carreras con unas sillas con ruedas que tenemos y una se rompió, y estropearon un muñeco electrónico al que Carlos tenía mucho cariño, en fin, terrible. Y, encima, él intentaba ser amable, porque como eran sus invitados...

MADRE DE ÓSCAR: Pero ¿no les dijisteis nada?

PADRE DE CARLOS: Tendríamos que haberles dicho de todo, haberles echado la bronca, pero como somos tan pánfilos, nos quedamos los tres contemplando como esos chicos destrozaban la casa sin atrevernos a decir nada.

MADRE DE MARÍA: Pero ¿les dijisteis algo a los padres?

PADRE DE CARLOS: Pues no, tampoco, si es que somos de lo que no hay... Cuando los vinieron a recoger, puse mi mejor sonrisa y les entregué a esos niños salvajes los más rápido que pude. En esos momentos, lo único que quería era que se fueran. El pobre Carlos casi lloraba. Si vierais qué tristeza cuando íbamos recogiendo los destrozos del cumpleaños.

MADRE DE OLAYA: Bueno, pues este año no los invites y ya está, ¿no?

PADRE DE CARLOS: Pues ahí está el problema... que los niños se lo pasaron estupendamente, no me extraña, y han invitado todos a Carlos a sus cumpleaños y a jugar a sus casas... Bueno, a esto último nunca ha ido, mi hijo les tiene terror y nos hemos tenido que inventar mil excusas para no ir, pero ahora nos vemos comprometidos a invitarles de nuevo. Carlos también lo ve así, por eso dice que prefiere no hacer fiesta de cumpleaños. Si acaso, ya invitaremos a Olaya, María y Óscar, pero otro día, sin que se enteren los demás.

MADRE DE MARÍA: Haces bien, yo haría lo mismo. A mí me pasó algo parecido con un niño que está encantado con María, pero que le rompe todo; tengo que invitarle a mi casa por compromiso y cada vez que va a venir, tiemblo. Pero, claro, no les vas a hacer el feo a los padres...

MADRE DE OLAYA: Pero ¿qué estáis diciendo? ¿Desde cuándo son los demás los que deciden a quién invitar? Si esos niños se portaron mal, pues no se les vuelve a invitar. Además, es la única manera de que se den cuenta de que no nos gusta su comportamiento. Si nadie les invitara, tendrían que plantearse por qué...

PADRE DE CARLOS: ... Yo no puedo hacer eso; sus padres van a pensar que no quiero que sean amigos de mi hijo.

MADRE DE OLAYA: ¡Pero si eso es verdad!

MADRE DE MARÍA: Ya, pero es muy difícil... Yo entiendo perfectamente a Fede, ¿cómo les dices que no les quieres invitar más? ¿Y si se enfadan? ¿Y si luego sus hijos la toman con nuestros hijos? Quita, quita...

MADRE DE OLAYA: Pero ¿qué más da lo que piensen los niños y sus padres? Tu hija no quiere jugar con ellos y ya está. Y si se enfadan, que se enfaden, no hay ningún compromiso con ellos.

MADRE DE ÓSCAR: Bueno, si mi marido estuviera aquí, lo solucionaba rápido. Ese no se corta... A los niños los hubiera puesto firmes en el momento en que empezaron a portarse mal y luego se habría encarado con el papá o la mamá que fuera a buscarlos. Claro que, acto seguido, la hubiera tomado con Óscar, por invitar a esos niños.

MADRE DE MARÍA: Uy, qué bien, la próxima vez que celebremos el cumpleaños, llamaremos a tu marido para que haga de guardia de seguridad.

Todos se ríen y empiezan a hacer bromas sobre este tema. Llegados a este punto, recomendamos que repaséis el capítulo 1, concretamente el apartado en el que se describe la conducta asertiva, cómo se manifiesta en pensamientos, sentimientos y conductas, y la relación que guarda con la autoestima.

Porque de lo que hablaremos ahora es de la **asertividad**.

Hemos reservado este importante tema para el final porque nos parecía necesario aclarar antes conceptos como la autoestima, el papel de los padres como modelo de referencia para los hijos y los valores y convicciones que, inconscientemente, transmitimos a nuestros niños.

Como recordaréis, en el episodio que describíamos en el capítulo 1, los niños de la Banda del Moco reaccionaban de diferentes formas:

María se mostraba sumisa y pendiente de la opinión de los demás.

Olaya se mostraba asertiva, no le importaba tomar una postura diferente a la de los demás.

Carlos se mostraba asertivo pero inseguro, necesitaba que otra persona —Olaya— tomara la decisión de ser asertiva.

Óscar se mostraba agresivo.

Si observamos la conversación que mantienen sus padres en este capítulo y analizamos lo que dice cada uno, seguramente no nos extrañaremos de que sus hijos hayan reaccionado como lo han hecho:

La **madre de María** está dándole a su hija un **modelo sumiso**, ya que está muy pendiente de lo que vayan a opinar los demás de ella y teme mucho el enfado o el rechazo de la gente; esta actitud es incompatible con la asertividad, ya que, como bien demuestra la madre de María, si dependes de lo que opinen de ti, no te puedes permitir el lujo de mostrarte tal cual eres, y opinar y correr el riesgo de importunar a los demás.

—Eeeh..., bueno..., de acuerdo..., me lo llevo...

—No te importa que te devuelva tu helado algo más pequeño, ¿verdad?

—Eeeh..., bueno..., de acuerdo...

La **madre de Olaya** está ofreciéndole a su hija un **modelo asertivo**, ya que defiende en todo momento el derecho a elegir invitar a quien se quiera, sin importarle lo que los demás vayan a pensar de ella; tiene claro que una cosa son los amigos y otra, niños que van a la misma clase pero que no son amigos y a los que, por tanto, no hay que seguir ni temer.

—Luego bajo a hablar sobre ese tema, ahora tengo que atender a mi hija.

—Luego te dejo el lápiz, ahora lo estoy usando yo.

El **padre de Carlos** le ofrece a este un **modelo sumiso**, por las mismas razones que la madre de María y por actuar él mismo sumisamente, anticipándose a un posible enfado de los otros; no da ni siquiera la oportunidad a los otros de que no se ofendan, sino que, por si acaso, da por hecho que se enfadarán y se retrae de mostrarse tal cual es.

La **madre de Óscar** apoya el **modelo agresivo** del padre, que lo es porque resuelve las situaciones agrediendo y culpando a los demás. En esta actitud, a la persona le es indiferente que el otro se enfade o moleste porque lo más importante es él mismo y el hecho de tener razón. Con su conducta agresiva, pretende que

—¡¡¡El coche lo he comprado yo y no te lo dejo!!!

los demás le den la razón, ya sea explícitamente, ya sea de forma indirecta, callándose o mostrándose sumisos.

Ellos mismos son sumisos, asertivos y agresivos, lo cual significa que piensan de esa forma y se comportan de esa forma en la mayoría de las situaciones. Por tanto, con su conducta, sus pensamientos y expresiones les están enseñando a sus hijos a ser como ellos.

—¡¡¡El dinosaurio es mío y no te lo dejo!!!

1. ¿Cómo creo que suelo comportarme?
   – Sumisamente, importándome mucho la opinión de los demás y/o temiendo su reacción.

– Agresivamente, resolviendo la mayoría de los conflictos de forma violenta y rápida, y/o provocando culpa y malestar en el otro para conseguir lo que quiero.

– Asertivamente, dejándome guiar por mis criterios y necesidades, pero respetando al otro en todo momento.

(En el apartado siguiente, describimos más estos tres modelos).

2. ¿En qué conductas, pensamientos, frases, situaciones, se pone de manifiesto mi sumisión/agresividad/asertividad?

3. ¿Qué estoy enseñando a mi hijo a este respecto?
   – A ser sumiso.
   – A ser agresivo.
   – A ser asertivo.

4. Las frases que hay a continuación son un resumen de las instrucciones que dan algunos padres a sus hijos. ¿A qué tipo de conducta —sumisa, agresiva, asertiva— corresponde cada una de ellas?
   – «Siempre es mejor no enfadar a los demás que salirte con la tuya».
   – «Tú tienes siempre la razón, los demás están equivocados».
   – «Si alguien te ha hecho algo desagradable, intenta comprender por qué lo ha hecho, pero no permitas que lo vuelva hacer».
   – «Si te agreden —física o verbalmente—, devuélvesela siempre, si puedes con más saña».
   – «Si estás seguro de algo, hazlo sin importarte lo que los demás opinen de ti».

5. ¿Qué instrucciones pienso que le estoy dando a mi hijo con mis expresiones, reacciones ante un conflicto y opiniones ante un tema controvertido?

Pero que nadie se desespere pensando que le está haciendo un mal irreparable a su hijo si se ha pillado dando instrucciones sumisas o agresivas. Recordemos que todo es reversible, sobre todo en los niños, en los que no hay nada fijado todavía; para bien y para mal, están muy expuestos a los estímulos que reciben del exterior y pueden modificar muy fácilmente sus esquemas y valores.

Aunque nosotros, como padres o educadores, no seamos asertivos, incluso aunque no tengamos la autoestima alta, podemos intervenir para hacer que nuestros niños se respeten y defiendan sus derechos, y que acepten y respeten a los demás.

¿CÓMO SABER SI UN NIÑO ES ASERTIVO?

Es difícil saber cómo tiene la autoestima un niño, sobre todo porque hasta la edad adulta la autoestima se está formando y no sería justo hablar de alta o baja autoestima en un niño. Sin embargo, en el caso de la asertividad sí pueden establecerse criterios que delimiten si un niño está siendo asertivo o no en una situación dada, ya que hablamos de conductas asertivas, sumisas, agresivas, y se establecen en ellos aquellos patrones de conducta que se ven reforzados y disminuyen los que no reciben refuerzo o incluso son castigados.

Antes de decidir cuándo un niño se comporta de forma asertiva y cuándo no, veamos qué conductas concretas hacen que podamos hablar de asertividad:

1. Decir NO.
   - Contraponerse a algo que otros quieren que hagamos y nosotros no.
   - Expresar una opinión contraria a la de los demás, sin agredir a las otras personas.
2. Realizar peticiones.
   - Expresar la presencia de un problema, cuando se siente que lo hay.
   - Pedir un cambio de conducta a alguien que sentimos que no nos respeta.

- Pedir una acción concreta que sentimos que merecemos, por ejemplo, un aumento de sueldo, un reconocimiento...

3. Autoafirmarse.
   - Reaccionar cuando sentimos que no se nos está respetando, siempre sin agredir a la otra persona.
   - Exigir nuestro derecho a ser escuchado, atendido, respetado.

4. Resolver el conflicto de forma que se respeten ambas partes.
   - Reaccionar satisfactoriamente ante críticas.
   - Emitir críticas de manera respetuosa.
   - Negociar acuerdos.

5. Expresar correctamente los sentimientos.
   - Expresar llanamente tanto los sentimientos negativos como los positivos, sin que ninguna de las dos partes se sienta agredida.

Expresar llanamente tanto los sentimientos negativos como los positivos, sin que ninguna de las dos partes se sienta agredida.

En resumen, se trata de respetar nuestros derechos en todo momento, pero sin faltarle el respeto a los demás. Para ello, nos guiaremos por criterios internos nuestros y no estaremos siempre pendientes de la reacción, la opinión y los criterios de los demás. A la vez, no podemos ni debemos imponer nuestros criterios a la fuerza en los otros.

Estos son los factores generales que hacen que una persona se considere asertiva. Son criterios que un niño no puede cumplir al pie de la letra, pues muchos aún no los ha aprendido, pero valgan como metas conseguir que los adultos deberíamos recordarle siempre que podamos.

Ahora bien, ¿cuándo podemos considerar que un niño es asertivo y cuándo deberíamos preocuparnos porque muestre una conducta demasiado sumisa o agresiva?

Como ya hemos dicho en otro apartado, el niño pequeño, de tres a siete años, tiende a ser egocéntrico y, por tanto, si no lo reprime la educación que le estén dando, tenderá a querer autoafirmarse, defenderá con pasión sus derechos y pedirá hasta la saciedad —de los padres— lo que en ese momento le gratifique. En cierta medida es asertivo, por lo menos en lo que concierne a la parte de respeto y de defensa de sí mismo y de los propios derechos. Se trata de un mecanismo innato de supervivencia: primero, hay que asegurar la propia supervivencia y aprender a defenderse; luego, ya vendrá el resto. Pero, evidentemente, se trata solo de la mitad de la asertividad: falta la parte del respeto a los demás, del reconocimiento al que todos tenemos derecho, no solo uno. El niño comienza a ser capaz de pensar y sentir de este modo a partir de los ocho años. Antes, es imposible que el concepto «respeto» o «empatía» signifique nada para él, porque no ha alcanzado el nivel de madurez suficiente como para sentirlo.

Por ello, a un niño de menos de siete u ocho años no se le puede pedir que sea plenamente asertivo; sí puede aprender a decir las cosas de manera respetuosa y no agresiva, pero lo hará porque sabe que a nosotros nos gusta, no porque, de momento, tenga un pensamiento ético o moral.

A partir de los ocho a diez años, pues, se empieza a formar este pensamiento moral. El niño es cada vez más capaz de comprender a los demás, empatizar con ellos y desarrollar la capacidad de respetar al otro. A la vez, comienza a cobrar más importancia el entorno, es decir, los otros niños, sus opiniones y sus comentarios. También empieza a plantearse qué pensarán de él y no quiere ser «raro» ni diferente. Ahí es donde comienza el verdadero aprendizaje de la asertividad.

En esta edad preadolescente están nuestros amigos de la Banda del Moco y, por ello, vamos a ver con su ayuda cómo es con estos años una conducta asertiva, una sumisa y una agresiva.

En el cumpleaños de Carlos también estaban invitados Olaya, María y Óscar. Cuando aquellos chicos comenzaron a tirar los trozos de tarta, cada uno de nuestros amigos reaccionó de forma diferente.

Olaya se enfadó mucho. Le parecía terrible que estuvieran tirando la comida. Además, sabía que la madre de Carlos había hecho las tartas y le daba mucha pena. En medio de la algarabía, intentó gritarles que dejaran de hacer el tonto, pero no le hicieron ni caso. Después ocurrió otro tanto: los chicos comenzaron a hacer carreras con las sillas, ocupaban todo el espacio y no dejaban jugar a los demás. Junto con algún otro niño, Olaya intentó gritarles para que se estuvieran quietos, pero al cabo de un rato y al ver que ni les oían se fue enfadada a otra habitación donde un grupito de niños se había refugiado y se unió a ellos.

La conducta de Olaya fue **asertiva**. Tenía claros sus criterios y se guio por ellos sin dejarse influir por la mayoría e incluso intentó intervenir. Eso es precisamente lo que podemos pedir a un niño de diez años respecto a la asertividad:

- Tener unos criterios —gustos, opiniones, valores— propios y definidos y defenderlos, sin dejarse llevar solo por la opinión de los demás.
- Saber defenderse ante burlas, agresiones o críticas de otros niños de su edad.
- Expresar las cosas que causan conflicto de forma contundente, pero no agresiva.

Otro ejemplo de conducta asertiva a esta edad es, a la hora de elegir comidas, chucherías, ropa... no escoger lo mismo que los demás sin planteárselo, solo por igualarse a la mayoría, sino decidir según el gusto propio. Esto incluye expresarlo de algún modo, «dar la cara».

Lo que no se le puede pedir a esta edad es que siga adelante con su intento de parar la situación, que se le ocurran alternativas, aparte de gritar a los compañeros, como decírselo a los padres de Carlos.

Por muy asertiva que sea Olaya, los niños a esta edad todavía no pueden convertirse en abanderados de la asertividad, llega un momento en que abandonan y no tiene sentido reprocharles o esperar de ellos que actúen de forma más «madura»; simplemente les faltan recursos para afrontar las distintas situaciones, pues todavía tienen que aprenderlos.

María pasó el rato con miedo, queriendo desaparecer de allí. Lo estaba pasando fatal cuando los chicos empezaron a tirar los trozos de tarta, pero no se le pasó por la cabeza decirles nada. Cuando uno de ellos le gastó una broma, ofreciéndole un trozo de tarta que luego, al ir ella a cogerlo, estampó contra la cabeza de otro niño, María se rio, sin ganas, pero se rio. Y cuando Olaya les dijo que pararan, en ese momento y sobre todo después, cuando las sillas, María le tiraba de la manga: «Venga, déjalo, cállate ya, que van a ir a por nosotras, déjalos, por favor». Luego, fue la primera en irse a la otra habitación y recluirse del juego.

La conducta de María es **sumisa**. Tiene miedo a que los demás se enfaden, tiende a exhibir conductas que gusten al otro con tal de no salirse de la norma y evita situaciones de conflicto.

Sin embargo, hay muchas conductas sumisas que a esa edad

son normales, ya que los niños están todavía muy inseguros de sus criterios. Así, es normal:

- Fijarse en lo que hacen los amigos, para igualarse y hacer o decidir lo mismo. Ojo, hablamos de los amigos, no de la mayoría.
- Dar la razón o ceder el sitio a niños mayores. A esta edad todavía los años son un privilegio y si un niño mayor dice que le toca antes..., pues habrá que asumirlo.

Sin embargo, es preocupante cuando vemos que el niño siempre tiene un amigo o un grupo de amigos como referencia para decidir, elegir, etc., y que no tiene criterio propio o que el que aparentemente es propio no se sustenta en nada, carece de fondo. También es preocupante comprobar que el niño evita situaciones antes de enfrentarse a ellas, si bien un cierto grado de evitación es normal a esta edad. Lo que nos tiene que poner en alerta es si vemos que el niño empieza a utilizar la evitación como solución a cualquier situación que le cause un mínimo conflicto.

Óscar vio lo que hacían los chicos con la tarta, dudó unos instantes, pero al final le pudo la euforia del grupo y se sumó a ellos. Comenzó a tirar, casi el que más, trozos de tarta a diestro y siniestro y luego fue a él a quien se le ocurrió hacer las carreras de sillas. Cuando chocó con un niño, algo se le encendió dentro y fue a por él: lo tiró al suelo y se colocó con violencia encima de él. La pobre madre de Carlos se las vio y se las deseó para separarlos; por cierto, ella ya sabía que Óscar había tomado parte activa en el cumpleaños fallido, pero no se atrevió a decírselo a su madre (otra prueba más de falta de asertividad).

La conducta de Óscar es **agresiva**. Es desmesurada respecto a la magnitud del estímulo que la desencadena —chocar con un niño—, no respeta en absoluto al otro y, en el momento de emitirse, la persona solo está pensando en salir ganando.

Sin embargo, a esta edad, todavía se resuelven muchos conflictos de forma agresiva, lo cual indica que en el niño, por su inmadurez, hay una falta de recursos para afrontar los conflictos de otra manera. Así, responder: «Y tú más» ante una crítica de otro niño es más que normal, incluso dar una patada o un empujón para defenderse.

¿Cuándo es preocupante una conducta agresiva en un niño? Cuando la virulencia de la agresión supera con creces a la del conflicto que la generó, es decir, cuando la reacción del niño es desproporcionada. Ejemplos de ello son todo tipo de violencias contra iguales que sean desmesuradas en comparación con la gravedad de la provocación: ensañamientos contra alguien sin que haya un motivo aparente, aprovechamiento de la debilidad del otro para ejecutar la agresión, etc.

ENSEÑAR A SER ASERTIVOS

Y ahora viene la pregunta del millón: ¿Cómo lograr que nuestros niños sean asertivos y se hagan respetar, a la vez que respeten a los demás?

Hay que considerar tres aspectos para ello:

- Los padres como modelo asertivo.
- Actitud asertiva básica cotidiana.
- Estrategias concretas ante conflictos.

Los padres como modelo asertivo

Hemos repetido hasta la saciedad lo importante que es el papel de modelo que ejercen los padres, frente al que se miden los niños y al que intentan igualarse, por lo menos en los primeros diez años de vida.

Si sentimos que somos asertivos o, por lo menos, en algunas áreas de nuestra vida sabemos mostrarnos asertivos, no dejemos pasar la oportunidad de servir de modelo a nuestro hijo. Cuando hayamos resuelto una situación de forma asertiva, indiquémosle los pasos que hemos dado, los beneficios que nos ha aportado, las posibles dificultades que hemos tenido que superar; en resumen, en vez de dejarla pasar pensando que el niño «ya se habrá fijado por sí mismo», podemos entresacarla un poco del flujo de conductas que emitimos a lo largo del día y comentarla con el niño. ¿Cuáles son las situaciones que podríamos resaltarle? Por ejemplo —siempre y cuando lo hayamos resuelto de forma asertiva y respetuosa—, cuando le decimos que no a una persona que nos quiere vender o convencer de algo; nos negamos a participar en algo que va en contra de nuestros principios; expresamos nuestra opinión, aunque esta sea diferente a la de la mayoría; elegimos el diálogo antes que la agresividad para resolver algún conflicto, etc. Y, de nuevo, no hace falta que la explicación que le demos al niño sea ardua o larga (no debe interpretarlo como algo pesado), sino que podemos explicarle nuestra conducta asertiva cuando surja alguna situación propicia y como un comentario casual. Basta decir algo así como:

—¡Buf! ¡Qué pesadez esta persona que me ha llamado! Quería que contestara una encuesta y casi no me dejaba decirle que no. Pero ¿sabes qué he hecho? Al final le he repetido todo el rato: «No, gracias, no voy a contestar», muy amablemente, porque la chica no tiene la culpa, es su trabajo. Y al final ha tenido que dejarlo, claro. Me alegro de no haber cedido a su insistencia.

Así señalamos el beneficio de ser asertivos.

—Han pasado unos vecinos para convencernos de que firmáramos para que talaran los árboles que hay en el jardín comunitario.

—¿Y has firmado?

—¡No! No estoy de acuerdo con eso, por mucho que me digan que todos han firmado, yo no voy a hacerlo. Creo que esos árboles hay que conservarlos, porque dan sombra y son bonitos.

—¿Y se lo has dicho?

—Sí, claro. Me imagino que se han enfadado, pero eso es lógico, porque ellos querían que firmara y se han frustrado. Pero yo se lo he dicho muy amablemente. Si se enfadan porque les fastidio la votación, lo siento, pero no puedo firmar algo en lo que no estoy de acuerdo.

Así, simplemente explicando lo que hemos hecho y el beneficio que obtenemos al haber actuado de forma asertiva, enseñamos poco a poco al niño a actuar de la misma manera.

Pero ¿qué ocurre con las personas que no se consideran asertivas? Hay muchas personas, padres, madres, incluso profesores, que no se atreven a contradecir a los demás, que tienen demasiado miedo a la opinión desfavorable de los otros y evitan situaciones de posible conflicto, y también hay muchos padres, madres y profesores, muchísimos, que resuelven las cosas a base de gritos, culpabilizaciones, ironías, indirectas hirientes, malos tonos...

Si sentimos que pertenecemos a alguno de estos grupos, no ti-
remos la toalla de la enseñanza de la asertividad. En primer lugar,
deberíamos plantearnos si no queremos intentar ser algo más asertivos, por lo menos en alguna situación menor en la que no nos
importe tanto la opinión de la otra persona, por ejemplo, cuando
nos intentan vender algo por teléfono. Si hemos logrado superar
asertivamente por lo menos una de estas situaciones, digámoselo
al niño, expliquémosle, igual que decíamos antes, los pasos que
hemos dado, lo que nos puede haber costado y todos los beneficios, el alivio que sentimos después. Es mucho más importante que
el niño nos vea intentando superar una dificultad que que nos vea
como superhéroes inquebrantables. Le enseñamos más si le mostramos nuestro esfuerzo y nuestra motivación de cambio. Incluso
en un caso de fracaso podemos hacer de modelo, reconociéndolo
y analizando qué pasó para hacerlo mejor la siguiente vez:

—Vaya, al final vas a tener que ir disfrazado a esa fiesta,
aunque ya sé que me dijiste que hablara con la madre porque
no te gusta disfrazarte. Lo siento, no vi la forma de decírselo,
porque, además, es una persona que no deja hablar. La próxima vez, tendré mejor preparado lo que le voy a decir, se lo
diré antes de que ella empiece a hablar y no me dejaré liar con
su parloteo. Ya verás como en la siguiente ocasión nos salimos con la nuestra...

De todos modos, no hay nadie en el mundo que sea absolutamente sumiso o absolutamente agresivo. Todos sabemos de
una serie de situaciones o una serie de personas con las que nos
comportamos de forma asertiva, lo que ocurre es que muchas
veces, justo a esas personas o situaciones no les damos importancia. Quizá somos sumisos, pero con nuestra familia no, o tendemos a ser agresivos con nuestra pareja, pero luego somos muy

capaces de resolver las cuestiones del trabajo con absoluta asertividad. Vale la pena rompernos la cabeza para encontrar situaciones en las que sí somos asertivos, para servir de modelo a nuestros niños explicándoles cómo las hemos resuelto. Con esta actitud solo les podemos beneficiar.

Otra manera importante de servir de modelo asertivo es expresando con claridad cuáles son o han sido nuestros sentimientos en una situación dada: podemos pedir perdón después de haber sido injustamente agresivos o habernos equivocado, también podemos expresar de forma abierta nuestros sentimientos de frustración, pesar o enfado con nosotros mismos o dejar bien claro cuáles son nuestros gustos e intereses. El interés que nos tomamos en analizar nuestro sentimiento y expresarlo con la palabra más adecuada indicará al niño que es bueno expresar las emociones y que no pasa nada por tener sentimientos desagradables.

Para ello, hay una fórmula muy útil para expresar sentimientos de forma asertiva y segura, que podemos hacer nuestra y, así, brindársela al niño como manera de expresarse cuando hay algún conflicto. Se trata de los llamados **mensajes yo**.

Cuando hay algún conflicto entre dos personas, lo habitual es lanzarse «mensajes tú»: «Tú tienes la culpa», «Pues tú más...», «Anda que tú...», «Tú has hecho esto mal...».

Si observamos desde la distancia este tipo de conversaciones, si se les puede llamar así, veremos que, normalmente, no logran resolver ningún conflicto ni ayudan a llegar a ningún acuerdo. Con los «mensajes tú» lo único que conseguimos es que el otro tienda a protegerse, blindándose y contraatacando a su vez con otro «mensaje tú». Eso en el mejor de los casos. En el peor, la otra persona se sentirá mal y acusada, se bloqueará y nos dará la razón o nos pedirá excusas, pero tengamos por seguro que lo hará para que no la sigamos atacando, no porque esté de acuerdo con lo que le estamos diciendo.

Los «mensajes yo» persiguen el objetivo contrario: en vez de atacar, expresan cómo me estoy sintiendo yo y cómo actúo en consecuencia, para que la otra persona baje a su vez la guardia y pueda cambiar la defensa por la comprensión. Muchas veces nos daremos cuenta de que estamos sintiendo lo mismo o, por lo menos, la otra persona se habrá sentido así en otra ocasión y podrá entender mucho mejor nuestra parte del conflicto.

Un «mensaje yo» sigue la siguiente fórmula:

Cuando tú/nosotros... *(aquí describimos brevemente el motivo del conflicto).*

Entonces yo me siento... *(nombramos el sentimiento global que nos produce o ha producido la situación).*

Y por eso hago... *(describimos nuestra conducta resultante de habernos sentido como hemos descrito antes).*

¿Por qué no...? *(proponemos un cambio o una solución para resolver la situación conflictiva).*

Evidentemente, cada uno tiene que adaptar esta fórmula a su lenguaje y a la situación y persona con la que esté hablando. Hay sentimientos que no se pueden contar a un compañero de trabajo, por ejemplo, o incluso a un niño si con eso lo herimos. También se puede cambiar el orden, y describir primero la conducta resultante y después el sentimiento.

Algunos ejemplos de «mensajes yo» serían:

—Cuando me has dicho que «eso lo tengo que saber de sobra» en ese tono, me he sentido muy incomprendida, porque creía que entendías mi pregunta. Por eso te he gritado. ¿Por qué no retrocedemos, me contestas a la pregunta y yo no te grito más?

—Cuando empezamos a hablar del tema de mi familia, me siento muy incómoda y ya no controlo lo que digo. Mejor nos volvemos a centrar en lo que estábamos hablando.

Y así podrían ser los «mensajes yo» emitidos a un niño:

—Cuando me dices que todo ha ido bien en el cole con ese tono dudoso, empiezo a pensar que hay algo más y me mosqueo, y a veces, nos ponemos a discutir sin que todavía sepa si ha pasado algo o no. ¿Por qué no me dices directamente si ha sucedido algo y yo te prometo que te escucharé hasta el final?

—Cuando he recibido una carta del colegio me he sentido atacada, como si te estuvieran acusando a ti, y por eso he entrado en tu habitación y te he gritado sin saber todavía si tú tenías algo que ver con lo que ponía en la carta. Y luego tú me has gritado también. Para una próxima vez, nos tenemos que sentar en calma tú y yo y hablarlo sin pensar mal del otro ¿vale?

Actitud asertiva básica cotidiana

Podemos, y debemos, enseñar al niño a tener una actitud asertiva en todo lo que haga. No tendríamos que esperar a que surgiera algún conflicto para intentar resolverlo de forma asertiva. Es mucho más fácil y el niño tendría soluciones mucho más a mano si desde la cotidianeidad aprende que debe respetarse a sí mismo en todo momento, porque lo vale como persona, pero que también debe respetar a los demás.

La manera de instaurar esta actitud básica asertiva es la misma que utilizamos inconscientemente para instaurar cualquier cosa a un niño: a base de mensajes, frases, expresiones que denoten lo que opinamos y cuál es nuestra actitud ante ciertos temas. Los niños tienen muy claro cuál es nuestra ideología, nuestros valores, nuestras creencias, aunque, como es evidente, no lo puedan describir con las palabras adecuadas. También saben de qué equipo de fútbol es su padre y qué opinamos sobre el cambio climático. Todo ello no se lo hemos dicho explícitamente, sino que lo capta a través de frases, opiniones, conversaciones que escucha, etc. Por lo mismo, podemos transmitirle de modo consciente, como por casualidad, valores asertivos que le hagan sentirse digno de ser respetado y respetar a los demás.

Hay varias cosas que podríamos transmitirle de esta forma.

Los derechos

Todo el mundo tiene unos derechos como ser humano. Todos sabemos cuáles, pero pocas veces somos conscientes de ellos. Es bueno transmitir al niño que tiene unos derechos que merecen ser tenidos en cuenta, aunque, por lo mismo, el otro también los tiene. Estaría bien que la palabra «derechos» formara parte de nuestro vocabulario habitual con el niño. Por ejemplo:

—Insiste en lo que quieres decirle a la profesora. Tienes derecho a que te escuche.

—Ya sé que es muy decepcionante que Sara haya elegido ir a casa de Marta en vez de venir a tu cumpleaños, pero está en su derecho, no le puedes echar la bronca.

—Tenemos que hacer algo para que Pablo deje de molestarte en clase. No tiene ningún derecho a no dejarte atender.

—Si Laura no te quiere dejar jugar con esas niñas, y dice que juegues solo con ella, no tienes por qué hacerle caso. Tú tienes derecho a jugar con quien quieras.

Existe una tabla de derechos asertivos básicos que nos será muy útil a la hora de comentar con el niño cuál ha transgredido, cuál han transgredido con él o ella, e incluso cuál se ha transgredido a sí mismo. Os invitamos a que copiéis esta tabla u otra de las muchas que se encuentran en internet, la coloquéis en un lugar visible y aludáis a ella siempre que surja un tema de asertividad en la familia.

La afirmación y validez de sus propios gustos e intereses

Los niños oscilan entre querer hacer lo que hacen sus amigos o elegir lo que nosotros, los padres, elegimos y tener gustos propios y diferentes. Un cierto grado de igualación con sus compañeros es normal y necesario para fomentar la pertenencia al grupo, pero, con el mismo peso, tienen que aprender que sus gustos e intereses personales son respetables y dignos de tenerse en cuenta. Esto lo podemos fomentar muy bien ayudándoles a definir sus gustos. En situaciones en las que sea indiferente lo que nuestro hijo elija, dejémosle pensar qué es lo que quiere y le gusta y respetemos su decisión. Da igual si el jersey que le compramos es rojo o azul o si en un restaurante elige espaguetis o pizza. Incluso podemos preguntarle qué quiere hacer un sábado por la tarde o cómo prefiere celebrar su cumpleaños. Si la elección es excesivamente aberrante, no por ello debemos despreciarla, aunque sí reconducirla. Podemos decirle algo así como:

—Entiendo que te gusten estos pantalones rosa metalizado, pero no pega con nada de lo que tienes en casa. ¿Buscamos algo que sea rosa, pero no tan chillón?

Otra forma de que vea sus propios gustos como dignos de ser respetados es mostrándole explícitamente que puede tenerlos sin que por ello pierda respetabilidad como persona. Una

TÚ TIENES DERECHO

buena situación para ello es cuando muestra unos gustos muy diferentes a los de los niños de su edad:

—¿Te han dicho que eres raro porque no te gustan los caramelos? No pasa nada, puedes tener gustos diferentes, no por eso eres raro.

—¿Que todos querían jugar al pillapilla y tú prefieres jugar a algo más tranquilo? Perfecto, no siempre coincidimos con los demás.

La afirmación de su individualidad

Este punto sigue directamente al anterior. Que cada persona es diferente y tiene derecho a serlo es de Perogrullo, pero ¡en cuántas ocasiones nos olvidamos de ello! A veces pecamos por defecto, es decir, queriendo igualarnos de forma irracional a los demás por temor a sus opiniones y críticas, y otras veces pecamos por exceso, autoafirmándonos de forma agresiva, sin dejar que la otra persona sea diferente a como nos gustaría.

El niño tiene que aprender que es un ser individual, personal e intransferible, felizmente distinto de los demás, y que eso, lejos de suponer un problema, enriquece las relaciones. No vamos a decirle eso, claro, pero sí podemos reforzar mucho las decisiones que tome y que haya tomado con criterio propio, desde las más sencillas («Todos querían chuches, pero yo preferí cacahuetes, porque las chuches me parecen pegajosas»), hasta las que exigen una mayor afirmación ante los demás («Los niños de la clase decidieron hacerle una broma pesada a Mario, y yo les dije que no quería. Me llamaron cobarde»). En este último caso, tenemos que reforzar mucho la decisión del niño frente a la de los demás, con frases como: «Has hecho bien, que digan lo que quieran» o «Precisamente no eres un cobarde, porque te has atrevido a ser distinto de los demás».

Pero el niño también tiene que aprender que igual que él es un ser individual y digno de que todo el mundo lo respete, los demás también lo son. Vivimos en sociedad y no podemos afirmar solo nuestros derechos sin tener en cuenta los de los demás. Por desgracia, hoy en día, hay un concepto erróneo de la educación por cuanto se le inculca al niño que él es lo más importante y que sus gustos e intereses van por delante de los de los demás sin derecho a réplica. Así, nos encontramos a padres que se supeditan de forma sumisa a los caprichos y ocurrencias del niño, y ellos mismos son un modelo nada asertivo para sus hijos. Si queremos que el niño aprenda a respetar también a los demás, debemos predicar con el ejemplo —de nuevo, servir de modelo— y no ceder ante demandas y peticiones que en ese momento nos venga mal proporcionar. Con el respeto a nosotros mismos que le estaremos mostrando, le estaremos sirviendo de modelo asertivo para ver que los demás también tienen sus derechos y merecen ser respetados. Por ejemplo, hemos jugado con el niño toda la tarde y estamos muy cansados. Tenemos ganas de sentarnos en el sofá y leer unas cartas que hemos recibido, pero el pequeño nos reclama con insistencia para que sigamos jugando con él. Podemos decirle: «Hemos jugado toda la tarde a lo que tú querías. Ahora yo también tengo derecho a hacer una cosa que quiera yo. Haz este puzle y cuando esté terminado, me lo enseñas».

Conozco una familia que llegó al punto de no escuchar la música que les gustaba porque al niño «le gustaban tanto los discos de Miliki que no se podía poner otra cosa». En estos detalles, en apariencia tan nimios, es en los que podemos y debemos mostrar nuestros derechos y enseñarle al niño a respetar a los demás. «Mira, a mí también me gustaría escuchar la música que me apetece. Podemos llegar a un acuerdo: primero escuchas tú la música que elijas y luego yo escucho la mía un rato, ¿de acuerdo?».

No se puede gustar a todo el mundo

Como se trata de una necesidad básica del ser humano, los niños tienden a querer gustar a todo el mundo y encajan mal el no gustar o que alguien no quiera ser amigo suyo. Es una cuestión de aprendizaje el darse cuenta de que no se puede gustar a todo el mundo, ya que entonces, con la disparidad de gustos que hay en las personas, tendríamos que dejar de ser nosotros y adaptarnos a cada gusto particular del otro. También hay que aprender, y no nos viene dado, a encajar la frustración de que alguien a quien apreciamos no nos quiera tanto a nosotros o incluso no quiera saber nada de nosotros. La única manera de asumir estos reveses es tener claro que nosotros valemos por encima de lo que opinen los demás. Solo así no entraremos en pánico cada vez que alguien se enfade con nosotros, y sabremos ver que un enfado no significa necesariamente que nos rechace.

Todo esto se lo podemos enseñar al niño con relativa facilidad, escuchándolo cuando nos cuente conflictos que haya tenido con sus compañeros, y dando validez y respetabilidad a sus sentimientos de rabia y frustración, cuando los hay, pero diciéndole una y otra vez que no se puede gustar a todo el mundo, que siempre va a haber alguien que se moleste por lo que hagamos o que no lo valore.

Muchos niños, y también muchos adultos, temen el enfado del otro si le contradicen. Interpretan que un enfado supone rechazo. Si se da el caso de que, por ejemplo, el niño no se atreve a reclamar algo que otro niño se ha llevado a casa o que le ha estropeado y el nuestro no se atreve a decírselo por miedo a que se enfade, no deberíamos pasar por alto la situación y aprovechar para analizarla juntos y ver qué estrategias puede aplicar para conseguir su objetivo. Las veremos en el punto siguiente. Pero, en cualquier caso, debemos repetirle que, cuando tenemos razón, no nos tiene que importar que el otro se enfade y que, cediendo o no afrontando las situaciones, no conseguiremos caerle mejor, sino que acabará pensando que con nosotros puede hacer lo que quiera, porque no nos vamos a quejar.

Es en estas situaciones, anecdóticas en apariencia —un niño quita una cosa a otro, le estropea algo, le insulta—, cuando tenemos que reforzar la individualidad del niño, sus derechos y su valía intrínseca. De todos modos, es importante ver cuándo hay que intervenir y cuándo no: no nos obsesionemos con buscar ansiosamente enemigos y situaciones conflictivas donde quizá no las haya. Dejemos que sea el niño el que nos comunique, de forma explícita y verbal o implícita, con expresiones de la cara, que hay un problema. Si el niño no lo vive como un problema, lo más probable es que no lo haya. De nuevo, tenemos que ver y escuchar al niño antes de decidir que tiene graves problemas de asertividad.

La asertividad empática

En todo esto que estamos diciendo sobre la educación en asertividad va implícito un concepto, la empatía, que tiñe positivamente toda relación en la que ambas partes se respetan, se aceptan y se comprenden. Así podemos aspirar a que sea nuestra relación con nuestros niños y así pueden aprender ellos a relacionarse.

La empatía no es nada más que comprender al otro, ponerse en su lugar y ver las cosas desde su ángulo, pero sin perder con ello nuestra integridad, nuestras opiniones o puntos de vista. A lo largo del libro hemos hablado de la empatía, citándola claramente o por medio de consejos como el de VER a los niños o escucharlos con atención. Si no es con empatía, no se puede ver ni escuchar a nadie de verdad.

Hay una fórmula asertiva que utiliza la empatía para comunicar con la otra persona que tiene múltiples utilidades, la primera de ellas servir de modelo al niño para que este aprenda que es digno de ser escuchado y respetado, a la vez que los demás también lo son.

Se utiliza sobre todo cuando hay alguna controversia, o decisiones y opiniones contrapuestas. En estos casos, podemos decir:

Entiendo/Comprendo que... *(hayas hecho..., te sientas..., desde tu punto de vista, esto es...).*

Y tienes derecho a ello, pero... *(o para ti, tienes razón). (Yo opino que..., lo que planteas no es factible, porque...).*

Ejemplos de esto pueden ser:

—Entiendo que creas que nunca más vas a ser feliz si Cristina ya no es tu amiga, con lo bien que te has portado tú con ella, pero pienso que, si esperas unos días, seguro que las cosas cambiarán.

—Comprendo que necesites urgentemente terminar de leer el libro de Harry Potter, a mí me pasaba igual cuando era pequeña, pero ahora tienes que ir a ducharte.

También se puede utilizar para que el niño aprenda a comprender y respetar a los demás:

—Entiendo que lo que me quieres contar sea tan interesante que no te puedas aguantar, pero compréndeme tú a mí: tengo que hacer una llamada urgente, luego me lo cuentas, ¿vale?

—Ya sé que estás rabioso porque no te han llamado para jugar en el equipo de baloncesto, pero comprende que, si César juega mejor que tú, le escojan a él.

Hemos aprendido dos técnicas para expresar las cosas con mayor asertividad: los «mensajes yo» y la asertividad empática. Piensa cómo podrías contestar a estos niños, utilizando una de las dos técnicas o una combinación de las dos:

—Mamá, ya no quiero ir al cole. Ana no me deja ser de su banda, Jorge es un idiota y me voy a quedar sola en el recreo.

—[*Haciendo la compra en un centro comercial*]. ¡Me tienes que comprar la Nintendo XYZ, todos la tienen menos yo, y me la tienes que comprar ya!

—[*Llorando*]. Sergio no me va a invitar a su cumpleaños porque dice que somos unos cutres porque no llevo zapatillas de marca.

—[*Niño de nueve años*]. Quédate a mi lado mientras hago los deberes, si no, no me concentro.

—Juan [*hermano bebé*] no me deja ver las películas que quiero, es un pesado; siempre está detrás de mí y no me deja en paz, ¡que se vaya ya!

—Mis amigos quieren ir a ver una película de terror, y a mí me da mucho miedo. Pero me van a llamar cagao.

—¡No me entiendes, nunca me entiendes! No puedo hablar contigo, siempre estás regañándome.

Estrategias concretas ante conflictos

Por muy asertivos que seamos y muy bien que les hayamos transmitido a los niños estos valores, siempre surgen situaciones de conflicto en las que hay que esforzarse especialmente por salir airoso y no caer en la sumisión o en la agresividad.

Estas situaciones deben tomarse en serio y ser tratadas junto con el niño, porque de ahí podrá sacar las conductas y los pensamientos adecuados que le servirán de adulto en muchas otras situaciones de conflicto. Pero tenemos que procurar en todo momento tratar el tema con naturalidad, intentar que el niño no nos vea preocupados, sino seguros ante la resolución del problema. Si nos ve serenos, se tranquilizará a su vez y confiará en encontrar una solución.

Para cualquier problema de relación que detectemos en un niño, ya sea porque nos lo cuenta él mismo, nos informan sus profesores o porque lo intuimos por indicios indirectos —vuelve a casa con golpes y moratones que antes no tenía, se le ve triste y ensimismado, se concentra peor en los estudios, no quiere ir al colegio, se le ve temeroso y encogido—, debemos seguir una serie de pasos previos a la resolución del problema, que son básicos para llegar a dicha resolución:

1. Escuchar con atención cualquier cosa que nos diga el niño respecto al problema que le preocupa. Para ello, es bueno utilizar la llamada «respuesta empática», que significa atender principalmente a la emoción que subyace a lo que nos están contando, más que al contenido. La fórmula básica para responder con este tipo de escucha es:

> Te sientes ...
> Porque ...
> ¿No es verdad?

Es decir, en vez de preguntar una y otra vez datos y detalles al niño con el fin de encontrar una solución, escuchemos el sentimiento que la situación lleva implícito para él. Así nos daremos cuenta de la gravedad que dicha situación tiene para el niño: a veces, cosas que a los adultos nos parecen aberrantes, al niño no le afectan demasiado y, sin embargo, sí les ocurre con cosas que nos pueden parecer verdaderas tonterías; en cualquier caso, hay que respetar sus sentimientos y tomarlo en serio. Recordemos que tienen sus propios códigos de conducta entre ellos, que no son exactamente iguales que los de los adultos.

Con la respuesta empática logramos que el niño se sienta escuchado, respetado y protegido. Sentirá que por lo menos hay un adulto que sabe mucho más que él, que da valor a sus sentimientos y derecho a expresarlos. Por último, al cotejar con el niño si estamos acertando con nuestra interpretación de sus sentimientos —«¿No es verdad?»—, le mostramos que la última palabra sobre él mismo la tiene él y le ayudamos a clarificar cuáles son o han sido los sentimientos que ha tenido. Al nombrar, y así situarse por encima de sus sentimientos, el niño se desbloqueará y podrá tener alguna idea sobre cómo solucionar el problema.

Ejemplos de este tipo de respuesta empática pueden ser:

—¡Carolina es una idiota! Al elegir pareja para un trabajo, habíamos acordado que nos pondríamos juntas y, de pronto, se ha puesto con Silvia.

—Vaya, te sientes frustrada porque parece que ha preferido a Silvia, ¿verdad?

—Pues sí... Aunque también es verdad que Silvia le fue detrás a Carolina para que se pusieran juntas...

—¡Le he pegado al imbécil de Víctor porque me llamó cobardica por no querer pelearme con los de la clase de al lado!

—Debías de estar muy enrabietado para pegarle, ¿no?

—¡Sí! ¡Se lo merecía!... Bueno, además..., es que lo dijo delante de todos.

—Aaah..., entonces creo que te dio un poco de vergüenza que te llamara cobardica delante de los demás. Te habrás sentido traicionado por Víctor, ¿no?

—... Sí.

Fijaos en estos casos lo fácil que hubiera resultado contestarles: «Va, tonterías, no pienses más en ello», en el primer ejemplo, y «Sabes que no es bueno pegar», en el segundo. Quizá las conclusiones al final sean precisamente esas, pero mientras tanto, hemos logrado que el niño confíe en nosotros para contarnos sus problemas y le habremos enseñado a confiar a su vez en sí mismo y en la validez de sus sentimientos.

2. Tomarnos un tiempo para observar la situación, al niño y, si podemos, al niño o los niños con los que nuestro hijo está teniendo conflictos. Muchas veces, por haber sacado conclusiones precipitadas, los problemas se bloquean, llegan a un punto muerto y no se solucionan. La mayoría de los malentendidos y las interpretaciones erróneas vienen porque no se da un margen a la situación conflictiva, no se observa debidamente y se pasa enseguida a la acción.

Cuando un niño nos cuenta alguna dificultad en este terreno relacional o nosotros, como dijimos, notamos algún detalle que nos pone sobre aviso, deberíamos esperar. Unos días, unas semanas..., eso ya depende del problema. Y en este tiempo, observar al niño para ver hasta qué punto le está afectando la situación; si afecta todas las facetas de su vida o solo algunas y a ratos; si las circunstancias que rodean el problema van cambiando o permanecen iguales, etc. Muchas veces, las situaciones problemáticas cambian porque varían algunos parámetros —los niños se siguen burlando de nuestro hijo, por ejemplo, pero hoy, la profesora ha hablado con ellos— o porque las propias situaciones se diluyen o, al contrario, se agravan.

Si ya hemos decidido intervenir, necesitamos otra observación más: tenemos que saber por qué los otros niños le hacen daño al nuestro. ¿No se han dado cuenta y creen que es una broma pesada? ¿Se han enfadado con nuestro hijo por algo y por ello actúan así? ¿Se trata de un tema de celos, envidia por parte del otro niño? ¿Qué beneficio saca el otro al tratar mal al nuestro? ¿Se afianza como líder ante un grupo, gana popularidad, o descarga alguna agresividad reprimida...? ¿Qué estrategias utiliza la otra persona para hacer que nuestro hijo se sienta mal? ¿A qué atiende el otro niño? ¿Qué tipo de lenguaje «entiende»?

Todo esto es necesario saberlo antes de intervenir, ya que a partir de nuestra observación podremos saber, por un lado, si el problema es grave o no, y por otro, qué medidas tomar.

3. Ponernos de su lado. En todo momento, haya hecho lo que haya hecho, si queremos que el niño sea capaz de solucionar un problema, debemos mostrarle confianza y cariño incondicional. Si tenemos que castigarlo o reprenderlo, podemos hacerlo, pero nunca debemos dejar de asegurarle que le seguimos queriendo. Frases como: «Te está bien, tú te lo has buscado», «Si se han enfadado contigo, algo habrás hecho» o «Déjate de tonterías y concéntrate en los estudios», bloquean al niño, no sirven de nada y lo alejan de nosotros. Si mañana tiene un examen y consideramos que no es el momento de que nos cuente su última pelea con el líder de la clase, podemos decirle: «Mira, como me interesa el tema, prefiero que me lo cuentes luego, cuando hayas terminado de estudiar y yo también esté más relajado».

Cuando un niño tiene un problema de relación con los demás, tenemos que actuar situándonos en el mismo bando que él, nunca en el bando contrario.

4. Una vez escuchado el problema con atención, observados sus parámetros y mostrado al niño que vamos a solucionarlo juntos, podemos **pasar a la acción e intentar resolverlo**. Para ello, la psicología tiene unas estrategias asertivas, de las que presentamos las más significativas a continuación y adaptadas en lo posible al lenguaje y la mentalidad infantil:

Asertividad elemental: Es la expresión llana y simple de nuestros derechos e intereses en una situación dada. Si nos sentimos interrumpidos, digámoslo; si creemos que no nos están escuchando, hagámoselo saber a la otra persona; si nos está molestando algo de su conducta, informémosle, pero siempre con respeto. Esto se consigue eliminando de nuestro mensaje toda culpabilización, amenaza, presunción de causa, y reduciendo el mensaje a la explicación sencilla de lo que nos está molestando: «Por favor, no me interrumpas, todavía quiero decir algo más». «Baja la música, por favor, que no me puedo concentrar».

A veces, es bueno decir las consecuencias de la conducta de la otra persona, tanto lo que ocurrirá si no cesa de emitir su conducta como los beneficios que obtendremos todos si cambia: «Si no me dejas terminar de hablar, me callo y no hay conversación». «Si me dices lo que te pasa, podremos hablar sobre ello y llegar a un acuerdo».

Mensajes yo: Ya lo hemos explicado, aquí simplemente remarcamos que esta estrategia no vale solo para comunicarnos con nuestro hijo, sino que él puede también utilizar «mensajes yo» para solucionar problemas de asertividad con sus compañeros.

Asertividad empática: Como hemos dicho, consiste en ponernos en el lugar del otro e intentar comprender el tema desde su perspectiva, para así comunicarle con respeto que nuestro punto de vista es diferente.

Las frases expresadas con asertividad empática siguen el esquema: «Comprendo/entiendo que tú pienses/creas/te sientas..., pero yo pienso/creo/me siento...». Ejemplos:

—Comprendo que, desde tu punto de vista, tengamos que avisar a la policía porque haya grafitis en el portal, pero yo opino que deberíamos esperar antes de denunciar a alguien sin tenerlo seguro.

—Entiendo perfectamente que esto te esté afectando, pero pienso que la mejor solución no es la que propones.

Disco rayado: Esta técnica se basa en que, cuando queremos comunicar nuestro punto de vista sobre alguna cosa, es fácil que la otra persona intente desviarnos de lo que le queremos decir, sobre todo si es algo desagradable para ella. Cuando queremos comunicar algo y la otra persona no quiere «entrar», utiliza una serie de estrategias de desvío del tema, como son:

- **Negar el problema:** «Eso que dices no es cierto».
- **Buscar sutilezas** o perderse en los detalles: «Esto que dices solo ocurrió porque... y esa otra vez ocurrió porque...».
- **Devolver la pelota:** «Esto es porque tú eres muy sensible».
- **Culpabilizar:** «Esto ha ocurrido porque tú...».
- **Minimizar el problema:** «¿Y eso te parece grave? ¡Pero si es una tontería!».

Ante este tipo de estrategias, el disco rayado es útil: no nos dejemos llevar por los temas que quiere presentarnos la otra persona, y repitamos una y otra vez nuestro punto de vista:

✓ «Sí, pero lo que te quiero decir es que...».
✓ «Luego hablamos de eso, pero ahora te quiero decir que...».
✓ «Puede que sea cierto, pero te repito que...».

Banco de niebla: Esta estrategia se utiliza, igual que la anterior, cuando no queremos entrar en ese momento en lo que la otra persona nos plantea. Consiste en dar la razón en lo que consideramos que pueda tener razón el otro, pero sin cambiar por ello, de momento, de actitud u opinión:

—¡Deja ya de comer, que te estás poniendo como una foca!
—Es verdad que estoy comiendo demasiado.

—¡Eres un desordenado, siempre te dejas todo sin guardar, así no se puede convivir, eres un absoluto desastre!
—Tienes razón, me dejo las cosas fuera.

Ironía asertiva: Cuando nos critican por algo, solemos tomarlo muy a pecho. Encajamos el golpe y, dependiendo de cómo hayamos aprendido a reaccionar, nos perdemos en justificaciones o respondemos poniéndonos a la defensiva. A veces, no defendernos ante la crítica y entrar en ella con sentido del humor puede ser más útil y diluye la tensión.

—¿Que me estoy poniendo como una foca? Mejor; así no pasaré frío en invierno.

Con esta estrategia hay que tener mucho cuidado. Es importante procurar no herir al otro con nuestra ironía, ni ofenderle porque se sienta despreciado. Si la otra persona va a sentirse mal con nuestra ironía, ya no estamos hablando de asertividad, que en todo momento procura decir las cosas con respeto, sino de agresividad. Si no estamos seguros de poder aplicar la ironía asertiva con el debido respeto, mejor elegimos otra estrategia para afirmar nuestros derechos.

Técnica de ignorar: Esta estrategia hace que una crítica o ataque nos rebote y haga centrar el foco de interés en la persona que nos está atacando. Si alguien nos insulta o critica sin que seamos merecedores de ello, podemos no entrar al trapo e interesarnos por el estado en el que está la persona:

> —¡Estoy harto! ¡Cada vez que llego a casa me encuentro todo empantanado!
> —Vaya enfado que traes, ¿te ha ocurrido algo en el trabajo?

Acuerdo asertivo: Esta técnica consiste en dejar claro que una cosa es nuestra conducta, que puede ser errónea o acertada, y otra cosa el hecho de ser buena o mala persona. Se utiliza mucho ante insultos, generalizaciones, inferencias sobre cómo somos:

> —¿Que no has participado en la campaña del colegio por el hambre? Eres un insolidario.
> —Una cosa es que no haya participado en esta campaña, y mis razones tengo, y otra, que yo «sea» un insolidario.

Veamos la aplicación de estas estrategias con una persona adulta y en el lenguaje que utilizamos los adultos, para luego ver su adaptación al mundo y el lenguaje infantil.

La madre de María cuenta al principio de este capítulo su dificultad para resolver la situación con Jaime, un amigo de María que le destroza cosas y al que esta ya no quiere invitar. Imaginemos una conversación entre el padre de Jaime, que utiliza estrategias para no tener que admitir el problema y salir airoso de la situación, y la madre de María, que ha aprendido a responder de forma asertiva.

 A ver si identificas las técnicas asertivas que está utilizando la madre de María en cada caso. Vienen señaladas con números entre paréntesis, que podrás comprobar al final del capítulo.

MADRE DE MARÍA: Oye, Jose, mira, te quería decir una cosa: últimamente, cuando Jaime tiene que venir a casa, mi hija y yo tenemos un conflicto: por un lado, a María le apetece jugar con Jaime, pero, por el otro, siempre termina llorando porque Jaime le ha roto alguna cosa (1).

PADRE DE JAIME: ¡Qué me dices! Es la primera vez que me comentas algo así... ¿por qué me lo cuentas ahora precisamente, cuando se conocen desde hace tanto tiempo? [*Intenta desviar el tema entrando en detalle*].

MADRE DE MARÍA: Bueno, ahora he visto que era el momento. Pero lo que te quiero decir es que esto está siendo un problema para María y para mí (2).

PADRE DE JAIME: Bueno, bueno, ¡un problema! Estamos hablando de pequeños roces que tienen todos los niños... [*Está intentando minimizar el problema*].

MADRE DE MARÍA: Mira, entiendo que, como es tu hijo, no te parezca grave la situación, pero a María sí que le está suponiendo un problema (3).

PADRE DE JAIME: Pues mira, perdona que te diga, pero tu hija también es un poco pejiguera, ¿eh? Jaime me cuenta que no se pueden tocar sus cosas, que todo lo tiene ordenadísimo, que nunca se ensucia... Eso tampoco es normal [*El padre se está sintiendo acorralado y opta por lanzar un ataque o una culpabilización*].

MADRE DE MARÍA: Bueno, mi hija es muy ordenada y sí, le gusta tener las cosas siempre limpias, pero eso no tiene que ver con el tema de que Jaime rompa sus juguetes (4).

PADRE DE JAIME: Sabes que Jaime es muy nervioso, y te conté con toda confianza que habíamos mirado a ver si era hiperactivo. Como no tenga cerca una pelota para darle patadas, se pone de los nervios [*Aquí el padre cambia de estrategia y opta por la autocompasión, con un ligero chantaje emocional*].

MADRE DE MARÍA: Oye, quizá será un futbolista estupendo, pero que no ensaye con los juguetes de su amiga (5).

PADRE DE JAIME: Ja, ja... ¿Ves como no es tan grave? No se puede ir de perfeccionista con los niños... [*Intenta desdramatizar, pero, a la vez, lanza un nuevo ataque en un intento de devolverle la pelota a la madre de María*].

MADRE DE MARÍA: Bueno, una cosa es que me guste tener las cosas bien hechas, y otra cosa que sea una perfeccionista (6). Pero lo único que te quiero decir todo el rato es que esto está siendo un problema en la amistad entre Jaime y María y sería una pena que terminaran mal (7, 8).

PADRE DE JAIME: Mujer, no creo que la cosa llegue a tanto... [*Nuevo intento de minimizar, más débil porque la madre de María no entra en sus argumentos*].

MADRE DE MARÍA: Mira, Jose, yo entiendo que esto te siente mal; a mí también me dolería y no quiero romper ninguna amistad, al contrario (9). Lo único que te pido es que hables con tu hijo e intentes que no rompa tanto las cosas de María (10).

PADRE DE JAIME: Bueno, bueno, veré lo que puedo hacer... [*El tono de voz de esta frase no suena muy convencido. Eso es lógico, porque cuando a uno le dicen algo que le sienta mal, no puede ceder sin más. Necesita dar la impresión de que no ha perdido. Eso es normal, y la madre de María haría muy bien en pararse en este punto y no insistir más ni buscar que el otro le dé explícitamente la razón*].

Veamos ahora la aplicación de estas técnicas tan «adultas» a situaciones infantiles. A nuestros amigos de la Banda del Moco también les ocurren, como a todos los niños, situaciones que ponen en juego su capacidad de autodefensa.

A **Carlos** le gusta mucho comer y por ello tiene un ligero sobrepeso. Hasta ahora no tenía problemas con eso, pero desde hace un tiempo hay un grupito de niños de su clase que se ríen de él, llamándole «gordo», «globo», «bomba atómica». Carlos intenta hacer como que no lo oye, pero parece que eso es peor, porque entonces le dicen: «Encima de gordo, sordo».

María, como explicaba su madre al principio de este capítulo, está harta de Jaime, pero ni la madre ni la hija saben cómo solucionar el tema. Jaime y María se conocen desde infantil y los padres han trabado cierta amistad. Aunque ahora ya no van a la misma clase, de vez en cuando, uno de ellos invita al otro a su casa a jugar. El problema es que Jaime es muy agresivo: le gustan los juegos muy violentos y, cuando se mete en el papel, arrambla con todo lo que pilla por medio. Ha roto varios juguetes de María, a veces se ensaña con algún muñeco «enemigo» y lo destroza, e incluso los muebles de la casa de la niña han sufrido sus desmanes: una butaca con el respaldo roto y un espejo hecho añicos dan fe de ello.

A Óscar le han sentado al lado de Alba, tachada como «rara» por los niños de la clase. Nadie quiere sentarse a su lado, porque todo aquel que está con ella vuelve a casa con algo destrozado. Y Óscar lo comprueba rápido. Alba nunca trae todo el material al colegio y se pasa el rato pidiéndole un lápiz, un rotulador, la goma... Al principio, él se lo daba de buen gusto, pero poco a poco se está dando cuenta de que Alba siempre le devuelve las cosas rotas: los lápices están reducidos a su mínima expresión; la goma vuelve en trocitos; el cuaderno, con hojas rotas... Al principio Óscar pensaba que Alba lo hacía sin querer y la recriminaba con enfado. Pero poco a poco se ha dado cuenta de que la niña lo hace expresamente y que los enfados no sirven de nada. Necesita algo más fuerte, pero si le grita o pega, la profesora la tomará con él.

Olaya va a judo por las tardes. Ya lleva casi dos años y, mientras tanto, ha hecho amistad con algunas niñas que también van. Sobre todo, una niña que se llama Carlota le ha cogido gran cariño y Olaya también a ella. Cuando hay que ponerse en pareja, siempre se ponen juntas y salen también juntas del gimnasio. Bueno..., eso era hasta hace una semana. Desde que ha entrado una chica nueva, Sara, Olaya está sola y se siente arrinconada. De repente, de la noche a la mañana, Carlota se ha hecho amiga de Sara y ya no quiere saber nada de Olaya. Carlota se pone de pareja con Sara y parece que solo tiene ojos para ella. Olaya se siente muy mal porque ve que, al notar su malestar, Carlota cuchichea secretitos con Sara y se ríen, señalándola a ella.

Intentaremos ayudar a nuestros amigos de la Banda del Moco diciéndoles qué estrategias pueden utilizar para poner fin a estas situaciones tan desagradables.

Carlos

En primer lugar, Carlos debería intentar atajar las burlas desde el principio. Es decir, no dejar pasar las situaciones, aparentando no hacer caso, ya que los chicos que se burlan de él se dan cuenta de que le está afectando y se ensañan más con él. A la más mínima que vea que otros chicos le dicen cosas que le hacen sentir mal, tendría que reaccionar. ¿Y cuáles son las posibles reacciones?

Carlos tendría que buscar alguna respuesta que aparentara darle menos importancia de la que realmente está teniendo y, a la vez, no agrediera a los demás. Ahí nos pueden ayudar las técnicas asertivas.

Puede aplicar, por ejemplo, la **ironía asertiva** y contestar: «Pues en el Sahara aguantaría más que tú». O el **banco de niebla**: «Pues sí, soy gordo, ¿y qué? ¿Te interesa mucho?». O la **asertividad empática**: «Seguro que a ti tampoco te sentaría bien que te llamaran "espárrago"».

Como consejo general, toda respuesta que tienda a desdramatizar e, incluso, echarle un poco de sentido del humor a la situación, tendrá grandes probabilidades de éxito.

Estas frases no son fruto de mi invención; las dijeron en su día niños asertivos ante alguna burla.

María

María y su madre deberían actuar de manera conjunta, así ella no tendrá que sentirse la única responsable del problema. Es muy difícil para un niño romper una amistad que se tiene desde hace años, y María puede temer, con el típico pensamiento infantil que se va a los extremos, que, por ponerle límites a Jaime, se romperá la amistad. Madre e hija tendrían que plantearlo, pues, como una acción conjunta: tú hablas con el niño y yo hablo con sus padres.

María tendría que dejarle claro a Jaime que, si rompe las cosas, ya no jugarán juntos. Tiene que aplicarle un «castigo por consecuencias». Jaime está viendo reforzada su conducta, porque no percibe castigo alguno y porque, encima, le vuelven a invitar como si no hubiera pasado nada. María y su madre tendrían que pensar qué consecuencia puede suponerle un castigo a Jaime. En este caso, que es real —como todos—, María elige como consecuencia no invitarle a su casa a jugar, ya que a Jaime le encanta ir a casa de María. En otros casos, pueden ser otras consecuencias, como no dejarle jugar con un juguete concreto que le guste mucho al niño, o no invitarlo a su cumpleaños o no darle más de esos caramelos que le entusiasman.

María podría intervenir en dos momentos: antes de que Jaime vaya a su casa y mientras está en casa. Antes, cuando la madre le haya invitado, María puede decirle: «El sábado vienes a mi casa, pero si me rompes las cosas, ya no te invito más». Eso debería repetírselo varias veces, diga lo que diga Jaime y sin entrar en argumentaciones (**disco rayado**). Por ejemplo:

—El sábado vienes a mi casa, pero si me rompes las cosas, ya no te invito más.

—¡Qué dices, tonta, si yo no te rompo las cosas!

—Sí me las rompes, y si este sábado me rompes algo, ya no te invito más veces.

—A ver, ¿qué te rompí la última vez? Porque el muñeco ese ya estaba roto, el brazo casi estaba caído y...

—Vale, pero yo te digo que si me rompes algo el sábado, ya no te invito más...

A los niños no les suele gustar mucho aplicar el disco rayado, les parece que quedan tontos y sin argumentos. Sin embargo, es un método muy útil, sobre todo para los más mayores, porque se sale de la dinámica de «a ver quién dice la respuesta más ingeniosa». Cuando lo aplican, suelen tener bastante éxito.

El segundo momento en el que María debería aplicar su castigo por consecuencias es en la misma situación. Cuando Jaime esté en su casa, si —pero solo si— este rompe algo o trata algo de tal forma que es de prever que lo terminará rompiendo, María podría decirle de nuevo: «Si sigues así, ya no vienes a mi casa» o «Ya no seguimos jugando» o «Guardo este juguete». Esto también debería decirlo utilizando el disco rayado, es decir, repitiendo una y otra vez la frase. Si al final Jaime rompe el juguete, María tendría que aplicar la amenaza: no seguir jugando, guardar el juguete o aseverar que Jaime ya no volverá a ir a su casa, y cumplirlo.

Toda esta situación se presta a que la madre quiera intervenir para ayudar a María, dándole la razón o afirmando su postura. Pero sería bueno que permitiera que la niña, en la medida de lo posible, solucionara sola la parte de hablar con Jaime. Es la única forma de que los niños aprendan a defenderse asertivamente por sí solos. Eso sí, en todo momento, la madre debería estar detrás, analizando con María qué ha ocurrido y si ha servido o no lo que le haya dicho a Jaime.

Óscar

El problema de Óscar tiene un cierto parecido con el de María, en el sentido de tener que poner límites a una acción de otra persona. Por tanto, lo que hemos dicho sobre el castigo por consecuencias también sirve en este caso. Igual que lo tiene que hacer María, Óscar también tiene que pensarse muy bien qué consecuencia, que él pueda aplicar, le sentaría mal a Alba. Puede ser no dejarle ningún material, no ayudarla en los trabajos o decírselo a la profesora. Esto último tiene que salir del niño: aunque a nosotros nos parezca que es lo más lógico, a una cierta edad, alrededor de los diez años, el «decírselo a la profesora» puede quedar como «chivarse» y estar muy mal visto entre los compañeros; en otras edades más tempranas puede ser la única solución.

Una vez elegida la consecuencia negativa que se va a aplicar, que en este caso es «no dejar más mis cosas», Óscar puede aplicar la frase de la misma forma a como lo hacía María: antes, cuando Alba le pida algo: «Vale, te lo doy pero como me lo rompas ya no te vuelvo a dar nada» y, si se lo ha dejado, mientras Alba lo está usando: «Si me rompes el rotulador, ya no te lo vuelvo a dejar, ¿eh?». Este caso se presta menos que el otro a aplicar el **disco rayado**, ya que es poco probable que Alba le discuta el tema en medio de la clase.

Óscar puede utilizar también otras estrategias, probadas por niños y que dan buen resultado en estos casos: «Oye, esto sienta mal, ¿sabes?» (**mensaje yo**); «¿Y a ti cómo te sentaría que te rompiera el cuaderno?» (especie de **respuesta empática**); «Seguro que lo estás haciendo para desahogarte, pero no utilices mis rotuladores para eso» (**asertividad empática**). Esta última respuesta es muy ingeniosa, porque deja a la otra persona desconcertada: un niño no suele hablar en estos términos a otro. El colmo de la **asertividad empática** lo brindó una niña conocida mía, que le daba a su compañero —que le rompía las cosas— una bola de papel «para que se desahogara» cada vez que este comenzaba a romper algo.

Olaya

La situación en la que se ve Olaya es difícil de resolver para un niño, pero muy frecuente. A veces, la otra niña no se da cuenta del daño que está haciendo, está «obnubilada» con la nueva amistad y se olvida de su amiga de siempre. En otras ocasiones, hay un poco de maldad en estas acciones: «Como me he enfadado contigo, ahora me voy con otra y te quedas sola» o «Me voy con otra y así me siento poderosa sobre ti».

En primer lugar, Olaya debería darle a su amiga la «presunción de inocencia», es decir, pensar que esta no se da cuenta del daño que le está haciendo. Para ello, a Olaya le vendría muy bien aplicar el **mensaje yo**, coger a su amiga por banda y decirle:

«Cuando te vas todo el rato con Sara, me parece que ya no quieres ser mi amiga. ¿No podemos jugar las tres juntas?» o, simplemente, preguntarle qué ha pasado, si ha hecho algo que le molestara y por eso se ha ido con la otra niña.

Muchas veces, los conflictos de este tipo se solucionan afrontándolos sin más y evidenciando las consecuencias que los actos de los demás tienen en nosotros. Ojo, tiene que ser de manera explícita y franca: lo que no sirve, e incluso afianza la postura de la otra persona, son las formas indirectas: dejar claro lo solo que se encuentra el niño, paseándose con cara compungida alrededor de los otros; o rechazar jugar con otros niños para que su amigo vea lo «solo que está», etc. Si afronta los sentimientos de un modo directo, el niño no «queda mal» ni parece que está persiguiendo al otro.

Pero puede haber casos recalcitrantes. Carlota puede que se haga la tonta ante los intentos de Olaya de afrontar la situación directamente: «¿Qué dices? Claro que sigues siendo mi amiga...», pero luego demostrar con todo tipo de conductas no verbales que prefiere estar a solas con Sara.

Entonces Olaya debería optar por aplicar la asertividad, pero de forma no verbal, con conductas explícitas. Por un lado, puede «hacerse amigo del enemigo», es decir, intentar a su vez hacerse amiga de Sara, no con ánimo de competitividad, sino con ánimo grupal: si a Carlota le gusta tanto la otra niña, ¿por qué no podemos estar las tres juntas?

Y, por último, puede hacer lo contrario de lo que Carlota está esperando de ella. Aparentar no interesarse por ellas, arrimarse a otras niñas del grupo y jugar con ellas, no mirar a Carlota y a Sara, como si hubieran dejado de existir. En este caso, que es real, con esta conducta se solucionó el problema de un plumazo y la otra niña comenzó a interesarse de nuevo por la protagonista de la historia. Pero a veces, si nada sirve, tendremos que ayudarle a afrontar la frustración de que la que ella creía que era su amiga no es lo que esperaba, y ha dejado de serlo.

5. Ayudar al niño a encontrar las estrategias adecuadas e introducirlas de manera adaptada en las situaciones que siente como conflictivas.

¿Cómo ayudar al niño a que aplique estas estrategias?

De nuevo, no podemos esperar que el niño sepa automáticamente cómo afrontar estas situaciones. Si lo dejamos a su aire, comenzará a aplicar un sistema de ensayo-error. Optará por varias estrategias que, dependiendo de la seguridad que tenga en sí mismo, estarán más cerca de la sumisión o de la agresividad, con la esperanza de que alguna haga cambiar la situación. Con ello puede que dé con las estrategias que le sirvan para afrontar situaciones parecidas, pero también que se afiance en estrategias no asertivas, que, a la larga, le produzcan perjuicios. Pueden ser tanto estrategias de sumisión como agresivas.

De todas formas, hay que tener cuidado con estar excesivamente encima del niño. Es bueno estar atentos a lo que les ocurre y a cualquier indicio de dificultad que nos cuente, pero sin obsesionarnos y, sobre todo, sin obsesionar al niño. No es bueno ni que el niño comience a obsesionarse por temas que son naturales del ser humano —las dificultades de relación—, ni que nos vea como «pesados» y evite comunicarnos las cosas.

Si hemos detectado que tiene alguna dificultad en su relación con los demás niños o incluso con sus profesores, es aconsejable que observemos discretamente el tema, las estrategias de resolución que está aplicando y sus sentimientos al respecto. Si podemos, haremos bien en afrontar de manera directa con él la situación. Podemos preguntarle, por ejemplo, cómo se siente —recordemos la respuesta empática— y qué estrategias está aplicando. También podemos reforzar aquellas estrategias que nos parecen asertivas y adecuadas, y analizar las que no nos lo parecen. Si el pequeño no tiene recursos para afrontar la situación o los que tiene son inadecuados, es cuando deberíamos sentarnos con él —o aprovechar momentos muertos, como en el autobús, andando por la calle, en la sala de espera del médico...—, y ayudarle a encontrar estrategias que le sirvan. ¿Cómo?

Analizaremos muy bien la situación y a las personas implicadas, intentando contestar con el niño dos cosas:

- ¿Por qué razón el otro te está haciendo sentir mal? ¿Qué beneficio saca?
- ¿Qué consecuencia negativa le puede hacer cambiar su conducta?

Una vez obtenido esto, podemos elegir las estrategias asertivas que hay que aplicar. Pero el niño es quien tiene la última y, a veces, la primera palabra. Confiemos en su criterio, porque él es quien se conoce mejor a sí mismo en esos momentos. Por un lado, podemos ver qué estrategias se le ocurren. En este caso nuestra labor consistirá en adaptar sus soluciones a la realidad, ayudarle a convertirlas en factibles, ya sea modificando la forma con la que quiere transmitirlas o el contenido. A un niño se le puede ocurrir, por ejemplo: «Pues de lo que tengo ganas es de gritarle que me deje pegarle un tortazo». Podemos sugerirle: «Vale, ¿por qué no intentas decirle que te deje en paz, mirándole a los ojos y con voz firme?».

Pero muchas veces al niño no se le ocurrirá nada y entonces es cuando podemos sugerirle algunas estrategias. Estaría bien hacerle varias sugerencias y permitirle que elija aquella que le sea más cómoda o que adapte a su lenguaje y su realidad lo que le estamos sugiriendo. Es él quien tiene la última palabra sobre el tema, y no dejaremos de buscar soluciones hasta que demos con aquella que le cuadre a nuestro niño:

—A ver, cuando Raúl te dice: «Gafotas, tócate las pelotas», ¿puedes decirle que si sigue así se lo vas a decir a la profesora?

—¡Qué dices! Entonces todos dirán que soy un chivato y un bebé.

—Bueno, ¿hay algún tipo de amenaza, algo que le afecte si no deja de molestarte?

—Pues no, porque él es el jefe de los chicos y todo el mundo le hace caso.

—Entonces, yo creo que tendrías que hacer como que no te importa el tema...

—¡Pero sí me importa!

—Ya, pero podrías intentar que no se notara; él consigue lo que quiere, que es que te afecte.

—Bueno, lo que hace Ángela es que se ríe cuando Raúl la llama «Barbie». Pero a mí no me sale reírme...

—A ver, a ver, parece que eso puede servir. ¿Podrías hacer tú algo parecido a Ángela, tomártelo a broma, o no tomártelo tan en serio?

—[*Piensa*]. ¡Ya lo sé! Una vez lo hice con Andrés y sirvió. Le dije: «¿A quién estás llamando "gafotas"?», y él me dijo: «¡Pues a ti!», y entonces yo le respondí: «¿"Ti"?, ¿quién es "ti"? Aquí no hay ningún ti...».

—¡Perfecto! Me parece genial. Vamos a ver cómo podría ser: Raúl viene, y te dice: «Gafotas, tócate las pelotas», entonces tú...

Lo que está iniciando aquí el padre de este niño es la última parte de nuestra intervención, que consistirá en planificar y ensayar con el pequeño lo que va a decir, hacer y cómo —qué palabras utilizará, qué tono de voz...—. Volvemos a recordar que las estrategias que salgan de esta conversación tienen que ser realistas y adecuarse al lenguaje y mentalidad de los niños que rodean al nuestro. Si no, nunca aplicará esas estrategias y nos ocultará la información o intentará contarnos el tema de modo que quedemos complacidos nosotros y no él.

PARA RECORDAR

La asertividad incluye las siguientes capacidades:

✓ Decir NO.
✓ Autoafirmarse.
✓ Realizar peticiones.
✓ Resolver conflictos.
✓ Expresar sentimientos.

Para ello, existen una serie de estrategias.

1. **Podemos servir nosotros mismos como modelo asertivo**. Para ello, se propone una forma de comunicación que podemos mostrar al niño: los «**mensajes yo**».

2. **Cuidar nuestra actitud asertiva básica cotidiana**. Ello es posible aunque no nos consideremos personas asertivas: nuestro esfuerzo por serlo ayudará al niño. Estas son las actitudes o los mensajes que podemos transmitir al niño:

Todos tenemos unos derechos que merecen ser respetados.
Sus propios gustos e intereses son respetables y dignos de ser afirmados.

Su individualidad es importante y digna de ser respetada.
Hay que tener claro que no se puede gustar a todo el mundo.

Para ello, se propone una forma de comunicación que podemos mostrar al niño: la **asertividad empática**.

3. Enseñarle unas estrategias concretas para que pueda utilizarlas ante los conflictos. Para ello, seguiremos los siguientes pasos:

- **Escuchar**, para lo que se sugiere utilizar la respuesta empática.
- **Observar**.
- **Ponernos del bando del niño.**
- **Enseñar estrategias asertivas.** Podemos mostrarle las estrategias asertivas siguientes:

  - Asertividad elemental (10).
  - Mensajes yo (1).
  - Asertividad empática (3), (8), (9).
  - Disco rayado (2), (7).
  - Banco de niebla (4).
  - Ironía asertiva (5).
  - Técnica de ignorar.
  - Acuerdo asertivo (6).

Entre paréntesis vienen señalados los números de las frases que aparecen en las páginas 260 y 261 en las que la madre de María utiliza las técnicas asertivas citadas.

4. **Ayudarle a elegir las estrategias más adecuadas y la forma de instaurarlas.**

9

Final feliz

Desde aquel primer episodio de la Banda del Moco que describíamos en el capítulo 1 han pasado muchas cosas: ocurrió el suceso de molestar a Laura; a raíz de la famosa carta que enviaron desde el colegio, los padres hablaron con la orientadora y tuvieron oportunidad de reflexionar y modificar sus conductas; los niños han ido experimentando cambios respecto a sus padres y entre ellos mismos... y, sobre todo, ha pasado un año y la Banda del Moco está en quinto. Con sus once años se encuentran ya en la preadolescencia, empiezan a sentirse más seguros respecto al adulto, y se cuestionan cosas que hasta ahora aceptaban sin planteárselo. Comienza, también, a tener cada vez más importancia el grupo de su misma edad: las tendencias que se siguen, los juegos que se tienen, quién va con quién... Esta es una edad muy importante, en la que se pone muy a prueba la asertividad y la autoestima. Es ahora cuando se tienen que afianzar en el respeto hacia sí mismos y hacia los demás y encontrar el equilibrio entre afirmar sus preferencias y adaptarse a las de los otros, antes de que los vaivenes de la adolescencia les envuelvan y los obliguen a centrarse en otros temas.

Por suerte, nuestros amigos de la Banda del Moco han aprendido mucho en este año. Veamos cómo se refleja esto en algunos ejemplos.

María

La familia está sentada a la mesa, comiendo. Aparentemente, la charla es animada y amigable, perlada de anécdotas del colegio que cuentan las dos niñas. Sin embargo, por debajo corren corrientes de tensión: María ha sacado un notable en una asignatura en la que siempre saca sobresalientes, y está evitando tener que decirlo. Su madre intuye algo y está a punto de preguntar. Por fin, la madre pregunta si hay algo importante digno de contarse como, por ejemplo, una nota, alguna información del cole... María trata de cambiar de tema, centrar la atención en su hermana pequeña, interesarse mucho por la comida..., pero la madre insiste una y otra vez. María comienza a sentir esa angustia en el estómago que le sube cada vez que se toca el tema, esa sensación que ella tan bien conoce y que está relacionada con sus emociones, con lo que le importa lo que su madre piense de ella, con la sensación de no cumplir nunca con las expectativas...

Pero, de repente, algo cambia en María. Está harta. Ya basta. ¿Por qué no puede sacar un notable, cuando tampoco es mala nota y otros sacan lo mismo e incluso les felicitan por ello?

Lentamente, María alza la vista y mira a su madre de frente. Con la voz baja, pero firme, le dice:

—Pues he sacado un notable en inglés, pero el examen ha salido mal en general y soy de las que ha sacado mejor nota.

La madre de María se queda parada. No esperaba esta respuesta, sino la habitual mirada culpabilizadora que le suscita sentimientos encontrados. Ya va a estallar con su discurso habitual, por haber sacado el notable y, encima, atreverse a discutírselo, cuando también a la madre le viene una luz. Se acuerda de lo que hablaron con la orientadora, del respeto, de la confianza, de C-R-I-A..., y haciendo un gran esfuerzo, dice:

—Bueno, no es lo que esperaba, pero es verdad que un notable tampoco está mal.

A María se le iluminan los ojos.

—¡Yo también creo eso! Porque a otros niños, mamá, les felicitan por sacar un notable y yo creo que por un notable suelto no pasa nada.

—No, porque tú te esforzaste, ¿verdad, hija?

Imaginaos lo que le habrá costado a la madre de María decir esta frase con confianza. Hay que reconocerle el mérito.

—Sí, mamá, de verdad que yo estudié. Lo que pasa es que no termino de entender lo de los pronombres posesivos y justo cayó eso...

A partir de ahí, la conversación y todas las que le sigan pueden tomar derroteros completamente distintos, más confiados y respetuosos, de modo que la anterior relación que hayan tenido María y su madre pase a formar parte de la historia.

¿Cómo ocurrió el cambio?

> María intentó ser asertiva y la madre se lo reforzó.

Óscar

Le encanta jugar al fútbol. Se implica mucho en el juego y es de los que más goles mete. Cuando forman los equipos, todos quieren que esté con ellos y sus adversarios le temen.

Hoy Óscar se encuentra en plena acción. Acaba de marcar dos goles y está a punto de marcar el tercero..., se acerca a la línea de meta..., esquiva a un adversario..., va serpenteando entre los demás contrincantes..., le falta solo esquivar a uno, ya lo consigue y está a punto de meter el... De repente, algo se interpone en el camino y Óscar tropieza y cae aparatosamente al suelo.

—¡Aaay! —grita un niño a su lado—. ¡Me has hecho daño!

—¡¡¡Mi pierna!!!

Óscar sabe muy bien que el otro le ha puesto la zancadilla. Lo conoce. Es David, un niño que siempre que puede hace trampas que parezcan que han hecho los demás. Pero esta vez no. Esta vez le va a dar su merecido. Con la mezcla de dolor y de rabia que está sintiendo en este momento, se va a levantar y le va a gritar: «¡Eres un cabrón! ¡Te vas a enterar!». Le va a saltar encima, le va a dar un puñetazo en el estómago, le va a dar una patada, le va a...

De pronto, Óscar se para. Acaba de ver a Juanjo, el profesor de Educación Física. Curiosamente, no va corriendo a separarlos, sino que se ha quedado quieto, como esperando. ¿Qué espera? ¿Por qué no va hacia ellos para que él le pueda decir que esto es injusto, que David es un tramposo, que...? De repente, también a Óscar le viene a la mente una frase que el profesor repite muchas veces: «Lo que no quieras para ti, no lo quieras para nadie», y algo en su cabeza hace ¡clic!

—¡Eres un tramposo, me has puesto la zancadilla!

El otro, que se esperaba lo peor, solo acierta a defenderse:

—¡No es verdad! ¡Yo no he puesto la zancadilla a nadie...!

Y Óscar... ¡no le pega! Con voz repentinamente calmada, dice:

—Pues yo no sigo jugando hasta que no aclaremos esto, vamos a decírselo a Juanjo. ¡Juanjooo! ¡Ven!

El profesor se acerca y le guiña un ojo a Óscar. Sin saber bien por qué, y aunque le duela la pierna, Óscar se siente muy bien.

¿Cómo ocurrió el cambio?

> El profesor de Educación Física ha emitido de forma reiterada un mensaje asertivo que, cuando ha sido el momento, ha calado en Óscar.

Carlos

A Carlos no le gusta jugar al fútbol. Bueno, la verdad es que no le atrae ningún deporte, aparte del ajedrez. Ya dijimos que, además, le gusta mucho comer y tiene un poco de sobrepeso. Algunos niños de su clase se burlan de él. Carlos ya se va resignando a tener que oírlo de «gordito relleno» y ha llegado a no afectarle, porque, por otro lado, tiene a sus amigos, a su Banda sobre todo, que le quieren y aceptan tal cual es. Pero últimamente, tal vez porque el tema «gordo» ya está muy explotado, los chicos de su clase se ríen de él porque juega con niñas. Es muy amigo de Olaya y María y siempre que puede va con ellas, y eso es lo que aprovechan esos chicos para llamarle «niña», «nenaza» y otros insultos que aquí no reproducimos.

Hoy, por ejemplo, en clase han tenido que elegir a otros compañeros para formar un equipo y él se ha ido sin pensarlo con Olaya, María y otra niña llamada Julia. Enseguida ha salido una voz del fondo de la clase: «Mirad, el equipo de las chicas».

Carlos busca con la mirada a Óscar en busca de complicidad y apoyo. ¿Por qué no se meten con Óscar, que al fin y al cabo es el cuarto pilar de la Banda del Moco? ¿Por qué este no le defiende si es su amigo? Pero Óscar no se da cuenta de nada en este momento, porque está hablando y bromeando con otros niños. Carlos pide con desesperación ayuda con la mirada, intenta buscar apoyo en otros niños que no se burlan de él habitualmente, pero esta vez le fallan todos los recursos, ya que, por una razón u otra, ninguno de sus aliados le puede prestar apoyo. Carlos está solo.

Pero, por otro lado, ya está harto. Pasa el tiempo y, como no dice nada, los amigos del que ha dicho lo del equipo de las chicas se están empezando a ensañar con ese tema, riéndose y soltando chistes.

De repente, Carlos ve clara la imagen de su padre. «No seas

un cobarde —le dice siempre—, tienes derecho a decirlo si te sientes mal».

Sí, pero ¿qué puede decir? ¿Cómo puede contestar a esos chicos? De nuevo, aparece la figura de su padre, el día aquel cuando estuvieron comentando el tema del «gordito relleno». Su padre le sugirió que, simplemente, dijera que eso le sentaba mal y él le dijo que así no se lo podía decir a los chicos, porque se burlarían más. Era mejor decir:

—Oye, yo voy con el equipo que quiero, ¿vale?

Él mismo se queda sorprendido, porque ¡lo ha dicho en alto! Los chicos que se estaban riendo le contestan:

—¡Claro, con el equipo de las chicas!

A lo que Carlos remarca con una voz cada vez más segura:

—Pues sí, con el equipo de las chicas.

Los chicos no contestan y, al cabo de pocos segundos, comienzan a hablar de otra cosa, a lo que la profesora les dice a todos que se concentren en la tarea y... el tema ha quedado diluido. Carlos respira. Parece que ahora le entra más aire que antes...

¿Cómo ocurrió el cambio?

> El padre de Carlos ha buscado estrategias de afrontamiento junto con su hijo y a este se le han ocurrido cuando lo ha necesitado.

Olaya

Después de las vacaciones de Navidad, Olaya llega con una caja enorme de rotuladores especiales que le han traído los Reyes. Está contentísima con ellos y se los enseña a todo el mundo. Efectivamente, a todos los niños les encantan y le piden probarlos. Olaya los presta a diestro y siniestro, orgullosa de ser la dueña de unos rotuladores tan anhelados.

A partir de ahí, cuando se requiere dibujar algo especial, alguien le pide un rotulador a Olaya. Ella siempre los lleva a clase y no tiene inconveniente en prestarlos. Pero un día el profesor de dibujo les pide que pinten un paisaje marítimo. Berta le pide el rotulador azul celeste y empieza a pintar y a pintar, rayas y rayas de color azul, hasta casi llenar media hoja. ¡Esos rotuladores no son para rellenar con color! ¡Así se gastan! A Olaya le entran sudores y angustias, viendo cómo está malgastando su rotulador. Incluso cree ver que el azul ya no es tan fuerte como antes. Por otro lado, no se atreve a decir nada a Berta. Al fin y al cabo, ella se lo ha prestado porque ha querido y decirle a estas alturas que se lo devuelva... puede quedar mal y la otra enfadarse con razón. Olaya está un ratito así, entre dos aguas sin saber qué resolución tomar, hasta que, de pronto, le viene a la mente la imagen de su madre. ¿No le ocurrió algo parecido hace poco? Cuando aquella señora amiga de su madre se lanzó sobre los pasteles tan buenos que habían hecho con amor Olaya y su madre y comenzó a comérselos todos, uno tras otro. Olaya creía recordar que su madre también dudó, mirando alternativamente la bandeja que se iba quedando vacía, y luego a la amiga. Al final, parece que tomó una decisión y dijo, a la vez que apartaba algo la bandeja:

—Están buenos, ¿verdad? Tan buenos que Olaya y yo queremos guardar unos cuantos para su padre, que vendrá más tarde. Prueba este chocolate, verás que bueno...

A su madre le salió redondo, y la otra señora dejó de comer. Habría que pensar una estrategia parecida... Hummm... ¿Qué tal con...?

—Oye, Berta, se va a gastar todo el rotulador, yo creo que si coges estos más gordos tardarás menos...

¡Ja! ¡Y salió! Efectivamente, Berta le devolvió el rotulador sin rechistar y siguió pintando como si tal cosa con uno más gordo. ¡Y tantas dudas que tenía Olaya! Como siempre, fue peor el pensamiento que la realidad.

¿Qué había ocurrido en este caso?

> Olaya evoca una escena en la que la madre ha servido de modelo de conducta adecuada y la niña la emula, intentando utilizar estrategias parecidas.

¿Final feliz? Yo creo que sí. Por supuesto, la Banda del Moco continuará teniendo alguna que otra dificultad, conflicto o agresividad, pero, pasado un tiempo, ellos mismos se recompondrán y seguirán adelante. Se están cubriendo las necesidades de seguridad-pertenencia y de afecto-reconocimiento en su debido momento, cuando toca evolutivamente, con lo que estos niños podrán iniciar con calma y seguridad los vertiginosos caminos de la adolescencia. Nosotros, por nuestra parte, podemos descansar por fin. Pero solo un ratito, mientras se preparan para la adolescencia. Pero eso ya es tema para otro libro...

Bibliografía

EDUCACIÓN EN GENERAL

Bisquerra, R. (coord.), *Educación emocional. Propuestas para educadores y familias*, Bilbao, Desclée de Brouwer, 2010.

Faber, A. y E. Mazlish: *Cómo hablar para que sus hijos le escuchen y cómo escuchar para que sus hijos le hablen*, Barcelona, Medici, 2013.

Garcés, L.: *Padres formados, hijos educados: familias emocionalmente competentes y resilientes*, Villava, Creados, 2019.

García Pérez, E. M. y A. Magaz: *Educar cómo y por qué*, Barakaldo, Grupo Albor-Cohs, 2000.

Illiozat, I.: *¡Me agobia! Entiende a tu hijo entre 6-11 años*, Barcelona, Planeta, 2015.

López, E.: *Educación emocional. Programa para 3-6 años*, L'Hospitalet de Llobregat, Wolters Kluwer, 2003.

Samalin, N.: *Con el cariño no basta: cómo educar con eficacia*, Barcelona, Medici, 1997.

Villanueva, V. J.: *Papá, ¿quieres escucharme? Manual con juegos para los padres que desean comprender y ayudar a su hijo*, Valencia, Promo-Libro, 2011.

ASERTIVIDAD

Berckham, B.: *Defiéndete de los ataques verbales: un curso práctico para que no te quedes sin palabras*, Barcelona, RBA, 2017.

Castanyer, O.: *La asertividad: expresión de una sana autoestima*, col. Serendipity, Bilbao, Desclée de Brouwer, 1996.

—: *Quiero aprender a quererme con asertividad*, col. Serendipity, Bilbao, Desclée de Brouwer, 2018.

Riso, W.: *El derecho a decir no*, Barcelona, Zenith, 2010.

CEREBRO

Ballesteros, I.: *Quiero aprender cómo funciona mi cerebro emocional*, col. Serendipity, Bilbao, Desclée de Brouwer, 2017.

Bilbao, Á.: *El cerebro del niño explicado a los padres*, Barcelona, col. Actual, Barcelona, Plataforma, 2015.

Blakemore, S. J. y U. Frith: *Cómo aprende el cerebro. Las claves para la educación*, Barcelona, Ariel, 2015.

Bueno, D.: *Cerebroflexia. El arte de construir el cerebro*, col. Actual, Barcelona, Plataforma, 2016.

Casafont, R.: *Viaje a tu cerebro*, Bilbao, Desclée de Brouwer, 2020.

Fernández García, R. M.: *Entre hipocampos y neurogénesis: ¿Por eso le cuesta tanto aprender a mi hijo?*, La Garriga, Hilo Rojo, 2013.

Guerrero, R.: *El cerebro infantil y adolescente: Claves y secretos de la neuroeducación*, Barcelona, Libros Cúpula, 2021.

Hernández Pacheco, M.: *Apego y psicopatología: la ansiedad y su origen*, Bilbao, Desclée de Brouwer, 2017.

—: *¿Por qué la gente a la que quiero me hace daño? Neurobiología, apego y emociones*, Bilbao, Desclée de Brouwer, 2019.

Siegel, D. J. y T. Payne Bryson: *El cerebro del niño*, Barcelona, Alba, 2013.

Apego

Barudy, J. y M. Dantagnan: *Los buenos tratos en la infancia: parentalidad, apego y resiliencia*, Barcelona, Gedisa, 2009.

Cantero López, M. J. y M. J. Lafuente: *Vinculaciones afectivas: Apego, amistad y amor*, Madrid, Pirámide, 2010.

Gonzalo Marrodán, J. L.: *Vincúlate. Relaciones reparadoras del vínculo en los niños adoptados y acogidos*, Bilbao, Desclée de Brouwer, 2015.

Guerrero, R.: *Educar en el vínculo*, Barcelona, Plataforma, 2020.

Autoestima

Castanyer, O.: *Yo no valgo menos*, col. Serendipity, Bilbao, Desclée de Brouwer, 2017.

Dahm, U.: *Reconcíliate con tu infancia: cómo curar antiguas heridas*, Bilbao, Desclée de Brouwer, 2011.

Horno, P.: *Amor y violencia: la dimensión afectiva del maltrato*, Bilbao, Desclée de Brouwer, 2009.

Neff, K.: *Sé amable contigo mismo: el arte de la compasión hacia uno mismo*, Barcelona, Paidós Ibérica, 2016.

Pope, A., S. Mchale, y E. Craighead: *Mejora de la autoestima: técnicas para niños y adolescentes*, Barcelona, Martínez Roca, 2004.

Santagostino, P.: *Un niño seguro de sí mismo: cómo reforzar la autoestima de su hijo*, Rubí, Obelisco, 2015.

Para leer y trabajar con los niños

Los cuentos de Begoña Ibarrola, por ejemplo:

Ibarrola, B.: Cuentos de la colección «Soy valor/soy emoción», Bilbao, Desclée de Brouwer, 2016.

Los cuentos de Rafa Guerrero, por ejemplo:
Guerrero, R.: *Neuricuentos: Los cuatro cerebros de Arantxa. Cuentos para conocer el cerebro y desarrollarlo*, Barcelona, Marcombo, 2021.
—: *Plantanimals: Conoce a Alegría*, Barcelona, Marcombo, 2020.

Los cuentos de Anna Llenas, por ejemplo:
Llenas, A.: *El monstruo de colores*, Barcelona, Flamboyant, 2014.
—: *Vacío*, Albolote, Bárbara Fiore, 2015.

Los libros de Eladio García Pérez y colaboradores, por ejemplo:
García, E. y A. Magaz: *Ratones, dragones y seres humanos auténticos*, Barakaldo, Grupo Albor-Cohs, 1998.

Los libros para trabajar autoestima y asertividad de la editorial Promolibro, por ejemplo:
Palmer, P.: *El Monstruo, el Ratón y yo*, Valencia, Promolibro-Cinteco, 1991.
—: *Gustándome a mí mismo*, Valencia, Promolibro-Cinteco, 1991.

Cuentos de la colección «Libros y juegos terapéuticos» de Teaediciones (TEA-Hogrefe), por ejemplo:
Qué puedo hacer cuando... me preocupo demasiado.
El juego de las habilidades sociales.